ЩОДЕННА КУЛІНАРНА КНИГА «СВІЖІ ЯЙЦЯ».

ПОНАД 100 НЕЙМОВІРНИХ РЕЦЕПТІВ ВИКОРИСТАННЯ ЯЄЦЬ НЕСПОДІВАНИМИ СПОСОБАМИ ДЛЯ ВАС І ВАШОЇ РОДИНИ

Віра Лілія

Всі права захищені.

Відмова від відповідальності

Інформація, що міститься в цій електронній книзі, має на меті служити повною колекцією стратегій, які автор цієї електронної книги досліджував. Підсумки, стратегії, поради та підказки є лише рекомендацією автора, і читання цієї електронної книги не гарантує, що чиїсь результати точно віддзеркалюватимуть результати автора. Автор електронної книги доклав усіх розумних зусиль, щоб надати актуальну та точну інформацію для читачів електронної книги. Автор та його партнери не несуть відповідальності за будь-які ненавмисні помилки чи упущення, які можуть бути виявлені. Матеріали в електронній книзі можуть містити інформацію третіх осіб. Матеріали третіх осіб складаються з думок, висловлених їх власниками. Таким чином, автор електронної книги не бере на себе відповідальності за будь-які матеріали чи думки третіх сторін. Чи через розвиток Інтернету, чи через непередбачені зміни в політиці компанії та редакційних інструкціях щодо подання, те, що було заявлено як факт на момент написання цієї статті, може пізніше стати застарілим або незастосовним.

Електронна книга захищена авторським правом © 202 2 , усі права захищено. Розповсюдження, копіювання або створення похідних творів із цієї електронної книги повністю або частково є незаконним. Жодна частина цього звіту не може бути відтворена або повторно передана в будь-якому відтвореному або повторно переданому вигляді в будь-якій формі без письмового та підписаного дозволу автора.

ЗМІСТ

ЗМІСТ 3
ВСТУП 7
ОСНОВНІ РЕЦЕПТИ СВІЖИХ ЯЄЦЬ 8
   1. Зварені круто яйця 9
   2. Яєчня 11
   3. Яйця пашот 13
   4. Яєчня 15
   5. Омлети 17
   6. Яйця в мікрохвильовці 19
   7. Кіш 21
   8. Фрітата 23
   9. Суфле 25
   10. Млинці 27
   11. Безе 29
   12. Мариновані яйця 31
   13. Основне тісто для печива 33
СВІЖЕ ЯЙЦЕ ЩОДНЯ 35
   14. Помідори фаршировані 36
   15. Іспанське суфле на сковороді 38
   16. Випічка для чорничного сніданку 40
   17. Яйця в соусі 43
   18. Яйця в гніздах 46
   19. Фрітата з фетою та зеленню 49
   20. Пікантні диявольські яйця 52
   21. Млинці з гарбуза 55
   22. Морквяно-картопляні оладки 58
   23. Чашки для сніданку 61
   24. Сирна овочева фрітата 64
   25. Брауні з чорної квасолі 67
   26. Флорентійська солодка картопля 70
   27. Морквяні мафіни 73

28. Мініатюрні пироги з пеканом 76
29. Торт «Волосся з какао» 78
30. Чізкейк сирний 80
31. Мікрозелені фаршировані яйця 83
32. Горохові млинці 85
33. Омлет з яєчного білка та мікрозелені 87
34. Pinon (Омлет з яловичого подорожника) 89
35. Пуерториканські рисові булочки 92
36. Flan de queso de Puerto Rico 94
37. М'ясний рулет Пуерто-Ріко 97
38. Авокадо, фарширований копченою рибою 100
39. Яєчня з копченим лососем 103
40. Яйце пашот і копчений лосось 105
41. Жовтки консервовані 108
42. Яйця солоні 111
43. Димчасті яйця в соєвому соусі 114
44. Каррі мариновані яйця 117
45. Яйця бурякові квашені .... 120 шт
46. Кукурудзяні мафіни з копченою індичкою 123
47. Копчений лосось з дерунами 125
48. Запечений копчений лосось і сир Фета 128
49. Чізкейк з копченим лососем 130
50. Булочки з чеддером 133
51. Оладки з цибулею 135
52. Пудинг з кукурудзи та копченої індички 138
53. Вершковий тарт з копченим лососем і кропом 141
54. Латкес з копченим лососем 144
55. Вівсяні млинці з кленом і корицею 147
56. Фрітата з мангольдом і кіноа 149
57. Пряна печеня з козячим сиром 152
60. Омлет з часниковими грибами та сиром 154
61. Жувальні яблучні місяці 157
62. Торт для діабетиків і з низьким вмістом натрію 159
63. Морозиво з коричневим цукром і пекан 161
64. Листковий торт з лимонним безе 164
65. Шоколадно-кремовий пиріг 167

66. Вишнево-мигдальне біскотті 170
67. Печиво вівсяно-шоколадне 173
68. Кукурудзяний хлібний пиріг з низьким вмістом натрію 176
69. Торт шоколадне суфле 179
70. Тако на сніданок 181
71. Барбекю Хаш 183
72. Фрітата з оливками та травами 185
73. Фрітата зі спаржею 187
74. Полунично-мигдальний тост 189
75. Шоколадні млинці 191
76. Шоколадно-горіхові вафлі 193
77. Гранола та сушена вишня 195
78. Фруктово-горіхові кекси 197
79. Закусочні Double Pumpkin 199
80. Яєчний корж для піци 201
81. Омлет з овочами 203
82. Яєчні кекси 205
83. Яєчня з копченого лосося 207
84. Стейк і яйця 209
85. Яєчна випічка 211
86. Фрітата 214
87. Наан / Млинці / Млинці 216
88. Млинці з кабачків 218
89. Кіш 220
90. Сніданок сосиска кульки 222
91. Сніданок бутерброди з ковбасою 224
92. смажений чилійський заварний крем 226
93. Сніданок бутерброди з ковбасою 229
94. Німецькі млинці 231

НАПІЇ СВІЖИМИ ЯЙЦЯМИ 234

95. Кокіто 235
96. Амаретто класичне кисле 237
97. Коктейль Whisky Sour 239
98. Німецький яєчний лікер 241
99. В'єтнамська яєчна кава 243

100. Zabaglione 245

ВИСНОВОК 247

ВСТУП

Ми всі знаємо, що яйця корисні. Вони є чудовим джерелом білка та ключових поживних речовин і надзвичайно універсальні у багатьох способах їх приготування. Але що найкраще в яйцях? Вони дуже смачні.

У цій книзі ви знайдете покрокові методи та ідеї, які допоможуть вам завжди отримувати ідеальні, смачні яйця. Вивчивши лише кілька основ, ви зможете приготувати широкий вибір простих у приготуванні страв для стільки людей, скільки забажаєте. Тож продовжуй!

ОСНОВНІ РЕЦЕПТИ СВІЖИХ ЯЄЦЬ

1. Зварені круто яйця

Напрямки

a) Викладіть яйця в один шар на дно каструлі і залийте холодною водою. Вода повинна бути приблизно на дюйм або близько того вище, ніж яйця. Накрийте каструлю кришкою та доведіть до кипіння на середньому сильному вогні.

b) Коли вода закипить, зніміть каструлю з вогню і дайте постояти 18-23 хвилини. Щоб жовток був більш м'яким, скоротіть час до 3-4 хвилин і до 11-12 хвилин для середнього жовтка.

c) Злийте яйця та негайно облийте їх холодною водою, поки вони не охолонуть, або вийміть яйця шумівкою та помістіть їх у крижану баню, щоб припинити варіння.

2. Яєчня

Інгредієнти

- Яйця
- Кулінарний спрей, масло або олія
- Сіль і перець

Напрямки

a) Розігрійте сковороду на середньому вогні. Покрийте сковороду кулінарним спреєм (якщо використовуєте лише звичайну сковороду), маслом або олією, залежно від ваших уподобань. Якщо ви використовуєте масло, дайте йому достатньо часу, щоб воно розтануло, а якщо використовуєте олію, дайте йому нагрітися 30 секунд.

b) Розбийте яйце в миску (якщо смажите кілька яєць, ви можете або розбити їх кожне в окрему миску, або можете повторно використати ту саму миску) і обережно опустіть яйце в сковороду. Злегка приправте сіллю та перцем (за бажанням).

c) Дайте яйцю варитися, поки білок не застигне, а краї почнуть скручуватися, приблизно 3-4 хвилини. Стримайтеся від метушні — ваші яйця вийдуть кращими, якщо їх залишити в спокої. Для сонячної сторони вгору просто покладіть яйце на тарілку. Для надлегких, надсередніх або надтемних яєць перейдіть до наступного кроку.

d) Використовуйте лопатку, щоб акуратно перевернути яйце. Вам не потрібно повністю опускати його під яйце, але переконайтеся, що воно знаходиться під жовтком, перш ніж перевертати. Готуйте ще приблизно 30 секунд для дуже легкого, 1 хвилину для надміру та півтори хвилини для надто добре. Переверніть ще раз і покладіть на тарілку.

3. Яйця пашот

Інгредієнти

- Яйця
- вода
- Сіль і перець

Напрямки

a) Наповніть каструлю водою на 3 дюйми (8 см) і доведіть її до кипіння. Тим часом розбийте кожне яйце в окрему маленьку миску, щоб вони були готові до використання, коли вода досягне потрібної температури.
b) Коли вода закипить, зменшіть її до слабкого кипіння. Тримаючи миску трохи вище киплячої води, обережно опустіть яйце у воду. Киньте друге яйце таким же чином і спробуйте відстежити порядок, у якому вони ввійшли. Перше яйце повинно бути першим яйцем. Не забувайте використовувати більше води, якщо ви готуєте більше яєць, щоб температура води не надто впала.
c) Вийміть яйця через 3 хвилини для м'якого пашоту або дайте їм варитися 5 хвилин для більш твердого жовтка. Вийміть шумівкою і злийте якомога більше води. Яйце повинно коливатися (але трохи), коли ви рухаєте ложкою. Викладіть варені яйця на паперовий рушник і приправте сіллю і перцем (за бажанням).

4. Яєчня зі збитих яєць

Інгредієнти

- Яйця
- молоко
- Кулінарний спрей або масло
- Сіль і перець (за бажанням)

Напрямки

a) Щоб приготувати одну порцію яєчні, розбийте 2 яйця в миску і збийте 2 столові ложки (30 мл) молока. За бажанням приправте сіллю та перцем.
b) Розігрійте сковороду на середньому вогні. Покрийте сковороду кулінарним спреєм (якщо використовуєте лише звичайну сковороду) або вершковим маслом на свій смак. Якщо використовуєте масло, дайте йому достатньо часу, щоб воно розтануло. Вилийте яйця в сковороду і зменшіть вогонь до середнього.
c) Акуратно переміщайте яйця лопаткою, формуючи м'яку сирну масу. Продовжуйте помішувати, поки в каструлі не залишиться рідких яєць, але поки яйця не стануть сухими.
d) Відразу вийміть яйця та тарілку.

5. Омлети

Інгредієнти
- 2 яйця
- 2 столові ложки (30 мл) води
- Кулінарний спрей, масло або олія
- Бажані начинки (наприклад: сир, гриби, зелений перець)
- Сіль і перець (за бажанням)

Напрямки
a) За допомогою віночка або виделки збийте яйця з 2 столовими ложками (30 мл) води. Приправити сіллю і перцем (за бажанням). Обов'язково добре з'єднайте жовток і білок.
b) Розігрійте сковороду на середньому сильному вогні. Покрийте сковороду кулінарним спреєм (якщо використовуєте лише звичайну сковороду), маслом або олією, залежно від ваших уподобань. Якщо ви використовуєте масло, дайте йому достатньо часу, щоб воно розтануло, а якщо використовуєте олію, дайте йому нагрітися 30 секунд.
c) Коли сковорода розігріється, влийте суміш. Коли яєчна суміш застигне на краю сковороди, використовуйте лопатку, щоб обережно проштовхнути приготовлені порції до центру сковороди. Нахиліть і поверніть каструлю, щоб дозволити сирому яйцю витекти в порожні простори. Коли поверхня яйця виглядає вологою, але не рухається під час погойдування каструлі, воно готове до наповнення. Додавайте начинку помірно — трохи має значення.
d) Складіть омлет лопаткою навпіл і дайте низу трохи підрум'янитися, перш ніж викласти на тарілку. Якщо у вас залишилася начинка, вилийте її зверху на омлет.

6. Яйця в мікрохвильовці

Інгредієнти
- 1 яйце
- Кулінарний спрей, масло або олія
- Дрібка солі

Напрямки
a) Покрийте контейнер, придатний для мікрохвильової печі, або рамекін кулінарним спреєм, вершковим маслом або олією залежно від ваших уподобань (якщо використовується мікрохвильова піч для варки яєць, покриття не потрібне). Насипте кілька крупинок солі на дно ємності. Сіль притягує мікрохвильову енергію і сприяє рівномірному варінню яєць.
b) Розбиваємо в ємність яйце. Проткніть жовток і білок виделкою 4 або 5 разів (проколювати необхідно, щоб не вибухнути під час варіння).
c) Накрийте поліетиленовою плівкою, відтягнувши невелику ділянку для вентиляції (якщо використовуєте мікрохвильову яйцеварку, помістіть кришку на основу та поверніть, щоб закріпити).
d) ДЛЯ ЯЄЦЬ, ЗВАРених у м'який стан: розігрійте мікрохвильову піч на високій (100% потужності) протягом 30 секунд або на середній (50% потужності) на 50 секунд. Дайте постояти 30 секунд, перш ніж зняти пластикову плівку або кришку. Якщо воно все ще недоварене, переверніть яйце в контейнер, накрийте кришкою та поставте в мікрохвильову піч ще на 10 секунд або до готовності за бажанням.
e) ДЛЯ ЯЙЦЯ, ЗВАРЕНОГО НАРУКО: мікрохвильова піч на високій потужності (100% потужності) протягом 40 секунд. Дайте постояти 30 секунд, перш ніж зняти

пластикову плівку або кришку. Якщо воно все ще недоварене, переверніть яйце в контейнер, накрийте кришкою та поставте в мікрохвильову піч ще на 10 секунд або до готовності за бажанням.

7. Кіш

Інгредієнти

- 4 яйця
- Попередньо випечена оболонка для пирога
- Бажані начинки
- 1 1/2 склянки (375 мл) вершків або молока
- Сіль і перець (за бажанням)

Напрямки

a) Розігрійте духовку до 350°F (180°C). Посипте сиром та будь-якою іншою начинкою, яку хочете, на дно форми для пирога.
b) Збийте яйця та вершки в мисці, поки вони добре не перемішаються. Приправити сіллю і перцем (за бажанням).
c) Обережно вилийте суміш у форму для пирога.
d) Випікайте від 35 до 40 хвилин або поки начинка не стане золотисто-коричневою. Щоб перевірити готовність, вставте ніж у центр кішу. Якщо він виходить чистим, це зроблено! Дайте постояти 10 хвилин перед подачею.

8. Фрітата

Інгредієнти
- 8 яєць
- 1/2 склянки (125 мл) води
- 1/8 чайної ложки (0,5 мл) солі
- 1/8 чайної ложки (0,5 мл) перцю
- Кулінарний спрей, масло або олія
- 2 склянки (500 мл) інгредієнтів начинки (нарізаних овочів, м'яса, птиці, морепродуктів або комбінації)
- 1/2 склянки (125 мл) подрібненого сиру
- Свіжа або сушена зелень за смаком (за бажанням)

Напрямки
a) Розігрійте духовку до запікання. Збийте яйця, воду, трави, сіль і перець разом у середній мисці. Переносити, відкладати.
b) Розігрійте 10-дюймову (25 см) жароміцну сковороду з антипригарним покриттям на середньому вогні. Покрийте сковороду кулінарним спреєм (якщо використовуєте лише звичайну сковороду), маслом або олією, залежно від ваших уподобань. Якщо використовуєте масло, дайте йому достатньо часу, щоб воно розтануло, а якщо використовуєте олію, дайте йому нагрітися 30 секунд. Додайте інгредієнти начинки, пасеруйте їх до повної готовності, часто помішуючи.
c) Влийте яєчну суміш. Коли суміш застигне на краю сковороди, обережно підніміть приготовлені порції лопаткою, щоб сирі яйця витекли під них. Готуйте, поки дно не застигне, а верх майже застигне, приблизно 8-10 хвилин .
d) Зверху посипати сиром. Поставте сковороду під попередньо розігрітий бройлер на 2 або 3 хвилини, щоб

розплавився сир і розбухла фрітата, або накрийте кришкою та готуйте пару хвилин на плиті.

e) Розпушіть фріттату по краю ножем. Наріжте шматочками і подавайте.

9. Суфле

Інгредієнти
- 4 яйця
- 2 яєчних білка
- 2 столові ложки (30 мл) вершкового масла
- 2 столові ложки (30 мл) борошна універсального призначення
- 1/2 чайної ложки (2,5 мл) солі
- Щіпка перцю
- 3/4 склянки (175 мл) молока (1%)
- 1/4 чайної ложки (1,25 мл) вершків зубного каменю

Напрямки

a) Розігрійте духовку до 375°F (190°C). Розтопіть вершкове масло в середній каструлі на слабкому вогні. Додайте борошно, сіль і перець. Варіть, постійно помішуючи, доки суміш не стане однорідною та пухирчастою. Поступово вмішуйте молоко. Продовжуйте помішувати, поки суміш не стане однорідною і не загусне.

b) Відокремте 4 яєчних жовтки, залишивши 2 білки. Добре збийте жовтки та додайте 1/4 склянки (60 мл) теплої суміші соусу до яєчних жовтків.

c) З'єднайте цю жовткову суміш із соусом, що залишився, ретельно перемішавши.

d) Збийте яєчні білки з винним каменем у великій мисці до твердої, але не сухої маси.

e) Додайте трохи яєчних білків в соус, щоб він став світлішим, потім акуратно, але ретельно вмішайте соус в решту білків.

f) Обережно вилийте в злегка змащену маслом форму для суфле або запіканки на 4 чашки (1 л).

g) Випікайте, поки вони не набухнуть і не підрум'яняться, приблизно 20-25 хвилин.

10.	млинці

Інгредієнти

4 яйця
1/2 чайної ложки (2,5 мл) солі
2 склянки (500 мл) борошна універсального призначення
2 склянки (500 мл) молока
1/4 склянки (60 мл) рослинної олії
Кулінарний спрей або масло

Напрямки

a) Змішайте яйця та сіль у середній мисці. Поступово додайте борошно, чергуючи з молоком, і збивайте до однорідності. Повільно влийте олію. Ви також можете використовувати блендер для цього кроку. Обробляйте всі інгредієнти до однорідності, приблизно 1 хвилину. Поставте тісто в холодильник принаймні на 30 хвилин, щоб борошно розширилося, а бульбашки повітря згорнулися. За цей час тісто може загуснути, тому вам, можливо, доведеться розрідити його, додавши трохи молока або води. Блинне тісто має бути консистенції густої сметани.
b) Змастіть сковороду для млинців невеликою кількістю кулінарного спрею (якщо використовується лише звичайна сковорода) або вершкового масла. Нагрівайте на середньому сильному вогні, доки краплі води не зашиплять, коли вони попадуть на сковороду.
c) Перемішайте тісто і вилийте приблизно 3 столові ложки (45 мл) тіста в сковороду відразу.
d) Швидко нахиліть і поверніть сковороду, обережно струшуючи її круговими рухами, щоб покрити дно сковороди тістом.

Готуйте, поки нижня частина крепу не підрум'яниться, приблизно 45 секунд. Переверніть млинці лопаткою і готуйте ще 15-30 секунд. Перекладіть на тарілку і повторіть з тістом, що залишилося. Якщо млинці почнуть прилипати, додайте в сковороду більше кулінарного спрею або масла.

11. Безе

Інгредієнти

- 3 яєчних білка кімнатної температури
- 1/4 чайної ложки (1,25 мл) вершків винного каменю або лимонного соку
- 1/4 склянки (60 мл) цукрового піску

Напрямки

a) Розігрійте духовку до 425°F (220°C). Щоб приготувати базове безе, відокремте яєчні білки і помістіть їх у скляну або металеву миску (пластикові миски можуть мати жирну плівку, яка перешкоджає утворенню піни). Відокремте яйця, не залишаючи слідів жовтка в білках, оскільки жир у жовтку не дасть білкам отримати необхідний об'єм.

b) Додайте винний камінь і за допомогою електричного міксера збийте яєчні білки до утворення піни. Вони повинні утворювати так звані м'які піки. Піки - це «пагорби», які висуваються вгору при витягуванні збивач з піни. Ви дізнаєтесь, що ваші піки м'які, коли кінчики м'яко спадають.

c) Поступово додавайте цукор, по 1-2 столові ложки (15-30 мл) за раз, доки він не з'єднається й піки не стануть глянцевими. Продовжуйте збивати, поки піна не утворить щільні піки і весь цукор не розчиниться. Щоб перевірити, чи розчинився цукор, потріть збиту безе між великим і вказівним пальцями. Якщо воно здається піщинним, збийте яйця ще кілька секунд до однорідності.

d) Викладіть безе на теплу начинку та запікайте приблизно 4 або 5 хвилин — рівно стільки, щоб піки злегка підрум'янилися.

12. Мариновані яйця

Інгредієнти

- 12 зварених круто яєць
- 1 склянка (250 мл) води
- 1 склянка (250 мл) білого оцту
- 1 столова ложка (15 мл) цукрового піску
- 1 чайна ложка (5 мл) солі
- 2 чайні ложки (10 мл) спецій для маринування

Напрямки

a) У маленькій каструлі на сильному вогні змішайте воду, оцет, цукор, сіль і спеції для маринування. Доведіть до кипіння, часто помішуючи, поки цукор не розчиниться. Зменшіть вогонь до мінімуму і варіть 10 хвилин.

b) Переконавшись, що вони повністю охололи, очистіть зварені круто яйця і помістіть їх у банку. Дізнайтеся, як приготувати ідеальні круто зварені яйця на стор.4.

c) Налийте гарячу рідину для маринування в банку прямо на яйця. На цьому кроці ви можете процідити спеції для маринування, але непроціджені інгредієнти створюють гарний вигляд.

d) Перед використанням охолоджуйте принаймні 2 дні.

13. Базове тісто для печива

Інгредієнти

- 2 1/4 склянки (550 мл) борошна універсального призначення
- 1 чайна ложка (5 мл) харчової соди
- 1/4 чайної ложки (1,25 мл) солі
- 3/4 склянки (175 мл) вершкового масла кімнатної температури
- 3/4 склянки (175 мл) цукрового піску
- 3/4 склянки (175 мл) фасованого коричневого цукру
- 2 яйця
- 1 чайна ложка (5 мл) ванілі

Напрямки

a) Розігрійте духовку до 350°F (180°C) і вистеліть деко пергаментним папером або силіконовим килимком. Змішайте борошно, харчову соду та сіль у середній мисці.

b) Збийте масло, гранульований і коричневий цукор за допомогою електричного міксера у великій мисці до однорідної та пишної маси. Додайте яйця та ваніль і збивайте до повного змішування. Додайте борошняну суміш і збивайте до однорідності.

c) Викладіть столову ложку тіста на відстані близько 2 дюймів (5 см) один від одного на підготовлені листи для випікання. Випікайте, поки печиво не втратить свій блиск, приблизно 9 хвилин. Дайте печиву охолонути на листах для випічки протягом 1 хвилини, перш ніж перекласти на решітку для повного охолодження.

СВІЖЕ ЯЙЦЕ ЩОДНЯ

14. Фаршировані помідори

Інгредієнти :

- 8 маленьких помідорів, або 3 великих
- 4 яйця, зварених круто, охолоджених і очищених
- 6 столових ложок айолі або майонезу
- Сіль і перець
- 1 столова ложка петрушки, подрібненої
- 1 столова ложка білих сухарів, якщо використовуються великі помідори

Напрямки :

a) Опустіть помідори в миску з крижаною або дуже холодною водою після того, як зняли з них шкірку в каструлі з киплячою водою протягом 10 секунд.

b) У помідорів зріжте верхівки. За допомогою чайної ложки або маленького гострого ножа зішкребіть насіння та нутрощі.

c) Розімніть яйця з айолі (або майонезом, якщо використовуєте), сіллю, перцем і петрушкою в мисці.

d) Наповніть помідори начинкою, сильно притиснувши їх. Замініть кришки на маленькі помідори під кутом.

e) Наповніть помідори доверху, міцно притиснувши, поки вони не вирівняються. Поставте в холодильник на 1 годину, перш ніж нарізати кільцями гострим ножем.

f) Прикрасити петрушкою .

15. Іспанське суфле на сковороді

Порції : 1

Інгредієнт

- 1 Коробка іспанського швидкого коричневого рису
- 4 Яйця
- 4 унції Подрібнений зелений перець чилі
- 1 стакан вода
- 1 стакан Тертий сир

Напрямки :

a) Дотримуйтеся вказівок на упаковці щодо приготування вмісту коробки.

b) Коли рис буде готовий, додайте решту інгредієнтів , за винятком сиру.

c) Зверху посипте тертим сиром і запікайте при 325°F 30-35 хвилин.

16. Випічка для чорничного сніданку

Вихід: 6 порцій

Інгредієнти :

- 6 скибочок цільнозернового хліба, черствого або підсушеного
- 2 яйця, збиті
- 1 стакан знежиреного молока
- 1/4 склянки коричневого цукру, розділити
- Цедру 1 лимона розділити
- 2 чайні ложки кориці, розділені
- 2 1/2 склянки чорниці, розділити

Напрямки :

a) Розігрійте духовку до 350 градусів за Фаренгейтом. За допомогою кулінарного спрею змастіть деко для кексів на 12 чашок.

b) Наріжте кубиками хліб і відкладіть його. Збийте яйця, молоко та цукор у великій мисці.

c) Додайте 2 столові ложки коричневого цукру, 1/2 чайної ложки кориці та 1/2 цедри лимона

d) Додайте хліб і 1 1/2 склянки чорниці в яєчну суміш і збивайте, поки рідина майже не вбереться. Наповніть формочки для мафінів тістом наполовину.

e) Змішайте 1 столову ложку коричневого цукру та 1 чайну ложку кориці в маленькій мисці. На чашки для французьких тостів посипте начинку. Готуйте 20-22 хвилини або поки верх не підрум'яниться і французькі тости не будуть готові.

f) Тим часом помістіть решту 1 склянки чорниці, цедру лимона та 1 столову ложку коричневого цукру в невелику каструлю і варіть на середньому слабкому вогні 8-10 хвилин або поки не виділиться рідина.

g) Розімніть чорницю за допомогою картопледавки до потрібної консистенції.

h) Використовуйте чорничну суміш як сироп, щоб полити запечені французькі тости.

17. Яйця в соусі

Вихід: 4 порції

Інгредієнти :

- 1 столова ложка оливкової олії
- 1/2 жовтої цибулі, нарізаної кубиками
- 1 столова ложка томатної пасти
- 3 чайні ложки паприки
- 3 зубчики часнику, подрібнити
- 4 скибочки смаженого червоного перцю, нарізаного кубиками
- 1,28 унцій банки подрібнених помідорів з низьким вмістом натрію
- 1/8 чайної ложки солі
- 3 склянки свіжого шпинату
- 1/4 чашки свіжої петрушки, нарізаної
- 4 великих яйця
- 2 цільнозернові лаваші, підсмажені

Напрямки :

a) У великій сковороді з антипригарним покриттям розігрійте олію на середньому вогні.

b) Додайте цибулю і тушкуйте 2 хвилини або поки вона трохи не пом'якшиться. Готуйте 30 секунд після додавання томатної пасти, паприки та часнику.

c) Додайте перець, помідори та приправи. Після закипання зменшіть вогонь до мінімуму.

d) Варіть, періодично помішуючи, 30 хвилин.

e) Додайте шпинат і половину петрушки і перемішайте. Зробіть чотири лунки в томатній суміші дерев'яною ложкою. Розбийте по одному яйцю в кожну з чотирьох лунок, накрийте кришкою і готуйте 8 хвилин або поки яєчні білки не застигнуть.

f) На завершення посипте петрушкою, що залишилася. Подавати з лавашем для занурення.

18. Яйця в гніздах _

Вихід: 6 порцій

Інгредієнти :

- 1 фунт солодкої картоплі, очищений
- 2 столові ложки оливкової олії
- 1/4 чайної ложки солі, розділити
- 1/4 чайної ложки чорного перцю, розділеного
- 12 великих яєць

Напрямки :

a) Розігрійте духовку до 400 градусів за Фаренгейтом.

b) За допомогою кулінарного спрею покрийте форму для кексів на 12 чашок.

c) За допомогою терки наріжте картоплю та відкладіть. У великій сковороді розігрійте оливкову олію на середньому сильному вогні. 1/8 чайної ложки солі, 1/8 чайної ложки перцю, нарізану кубиками солодку картоплю

d) Варіть картоплю до м'якості приблизно 5-6 хвилин. Зніміть з вогню та відставте, поки не охолоне, щоб можна було впоратися.

e) У кожну чашку для мафінів покладіть 1/4 склянки вареної картоплі. Щільно натисніть на дно та боки форми для мафінів.

f) Покрийте картоплю кулінарним спреєм і запікайте 5-10 хвилин або до тих пір, поки боки не підрум'яняться.

g) У кожне гніздо солодкої картоплі розбийте яйце та приправте рештою 1/8 чайної ложки солі та 1/8 чайної ложки перцю.

h) Випікайте 15-18 хвилин, або поки яєчні білки та жовтки не стануть бажаної готовності.

i) Відставте на 5 хвилин, щоб охолонути, перш ніж виймати з форми. Подавайте та отримуйте задоволення!

19. **Фрітата з фетою та зеленню**

Вихід: 8 порцій

Інгредієнти :

- 1 столова ложка оливкової олії
- 1 маленька жовта цибулина, нарізана кубиками
- 2 зубчики часнику, подрібнити
- 4 чашки мангольда, нарізаного стрічками
- 8 великих яєць
- 1/4 чайної ложки чорного перцю
- 1/2 склянки подрібненого сиру фета зі зниженим вмістом жиру
- 2 столові ложки свіжої петрушки, подрібненої

Напрямки :

a) Розігрійте духовку до 350 градусів за Фаренгейтом.

b) На середньому сильному вогні розігрійте велику придатну для духовки сковороду. Смажте цибулю 3-4 хвилини або поки вона не розм'якшиться.

c) Готуйте ще 3-4 хвилини або поки мангольд не зів'яне.

d) Тим часом збийте яйця та чорний перець у великій мисці.

e) Змішайте суміш зелені та цибулі з яйцями в ємності. Киньте сир фета в яєчну суміш.

f) Поверніть яєчну суміш у безпечну для духовки сковороду, перемішуючи, щоб фрітата не прилипала.

g) Розігрійте духовку до 350°F і випікайте сковороду 15-18 хвилин або поки яйця не затвердіють.

h) Вийміть з духовки, посипте подрібненою петрушкою та відставте на 5 хвилин, перш ніж розрізати на 8 частин. Подавайте та отримуйте задоволення!

20. Пікантні диявольські яйця

Вихід: 6 порцій

Інгредієнти :

- 6 великих яєць
- 1 авокадо, розрізане навпіл і без кісточок
- 1/3 склянки простого нежирного грецького йогурту
- Цедра і сік 1 лимона
- 1 столова ложка діжонської гірчиці
- 1/4 чайної ложки чорного перцю
- 1 столова ложка подрібненої цибулі

Напрямки :

a) У велику каструлю розбийте яйця і залийте їх холодною водою.

b) Доведіть до кипіння, потім зніміть з вогню. Залиште 15 хвилин, щоб яйця просочилися водою в каструлі.

c) Вийміть яйця та відставте їх охолоджуватися. Очистіть і розріжте яйця уздовж навпіл.

d) У кухонному комбайні з'єднайте 3 яєчних жовтки. Збережіть решту яєчних жовтків для іншої мети або викиньте їх.

e) У кухонному комбайні змішайте авокадо, грецький йогурт, лимонну цедру та сік, діжонську гірчицю та чорний перець з яєчними жовтками. Змішайте все до повної однорідності.

f) Викладіть яєчні білки на сервірувальне блюдо, а жовткову суміш помістіть у пакет на блискавці. Видавіть суміш яєчних жовтків у яєчні білки, відрізавши один із нижніх кутів.

g) Посипте нарізаною цибулею яєчню. Подавайте та отримуйте задоволення!

21. Млинці з гарбуза

Вихід: 12 порцій

Інгредієнти :

- 1 1/2 склянки знежиреного молока
- 1 стакан консервованого гарбузового пюре
- 1 яйце
- 5 столових ложок коричневого цукру, розділити
- 2 столові ложки рослинного масла
- 1 чайна ложка ванільного екстракту
- 1 склянка цільнозернового борошна
- 1 склянка борошна універсального призначення
- 2 столові ложки розпушувача
- 1 1/2 чайної ложки кориці, розділити
- 1 чайна ложка запашного перцю
- 1/2 чайної ложки мускатного горіха
- 1/4 чайної ложки солі
- 3 яблука, очищені і нарізані кубиками

Напрямки :

a) Змішайте молоко, гарбуз, яйце, 3 столові ложки коричневого цукру, олію та ваніль у великій мисці.

b) В окремій ємності змішайте пшеничне борошно, борошно універсального призначення, розпушувач, 1 чайну ложку кориці, запашний перець, мускатний горіх і сіль.

c) Перемішайте гарбузову суміш із сухими інгредієнтами : до тих пір, поки не з'єднаються, обережно, щоб не перемішати.

d) У маленькій каструлі нагрійте 3 столові ложки води на середньому вогні. Додайте нарізані яблука з рештою 2 столовими ложками коричневого цукру та 1/2 чайної ложки кориці. Нагрівайте протягом 8-12 хвилин або поки яблука не стануть м'якими.

e) Зніміть яблука з вогню і розімніть картопледавкою або виделкою, поки не утвориться яблучне пюре. Вилучити з рівняння.

f) Тим часом покрийте сковороду з антипригарним покриттям або сковорідку кулінарним спреєм і розігрійте до середнього вогню.

g) Налийте 1/4 склянки млинцевого тіста на кожен млинець на підготовлену сковороду або сковороду.

h) Млинці потрібно готувати по 2-3 хвилини з кожного боку або до золотистої скоринки.

i) Подавайте з сумішшю тушкованих яблук зверху та насолоджуйтесь!

22. Морквяно-картопляні оладки

Вихід: 6 порцій

Інгредієнти :

- 2 великі червоні картоплини, очищені
- 2 великі моркви, очищені
- 1 маленька жовта цибулина, очищена
- 4 яєчних білка, збитих
- 3 столові ложки борошна універсального призначення
- 1 чайна ложка розпушувача
- Антипригарний кулінарний спрей
- 3/4 склянки несолодкого яблучного соусу, за бажанням

Напрямки :

a) Великою стороною коробчатої терки натріть очищену картоплю, моркву та цибулю.

b) Віджміть зайву воду з тертих овочів за допомогою паперового рушника над раковиною.

c) У великій ємності змішайте відціджені овочі.

d) З'єднайте картопляну суміш зі збитими білками.

e) Змішайте борошно, розпушувач і сіль з картопляною сумішшю.

f) Збризніть сковороду з антипригарним покриттям кулінарним спреєм і нагрійте на середньому вогні.

g) Викладіть 1/4 чашки картопляної суміші на сковороду, залишаючи 1-дюймовий проміжок між кожним млинцем. 3 хвилини в духовці

h) Переверніть і готуйте ще 3 хвилини з іншого боку або до золотистої скоринки. Повторіть з рештою картопляної суміші.

i) Подавайте.

23. Б сніданок Хеш чашки

Порцій: 12

Інгредієнти :

- Кулінарний спрей
- 3 склянки заморожених оладь, розморожених
- 5 скибочок бекону індички
- 1 ½ склянки замінника яєць з низьким вмістом холестерину
- 1 склянка подрібненого сиру чеддер зі зниженим вмістом жиру
- 3 столові ложки знежиреного маргарину
- ¼ склянки подрібненої цибулі
- ¼ склянки подрібненого болгарського перцю чорного перцю

Напрямки

a) Розігрійте духовку до 400 градусів за Фаренгейтом. Перед використанням дайте коричневому освіжувачу нагрітися до кімнатної температури. Підготуйте форму для мафінів з кулінарним спреєм.

b) Приготуйте бекон. Перед подачею дайте охолонути.

c) Змішайте огірки, сіль і перець разом. 12 чашок для кексів, розділених порівну

d) Випікайте 15 хвилин при 400 градусах або до легкої рум'яності. Вийміть блюдо з духовки.

e) Тим часом збийте яйця, сир, цибулю та болгарський перець.

f) Наріжте бекон і викладіть його поверх коричневої суміші в чашках для мафінів.

g) Рівномірно розподіліть яєчну суміш по формочках для мафінів. Розігрійте духовку до 350°F і випікайте 13-15 хвилин. Подавайте.

24. Chees у Овочева фрітата

Порції : 6

Інгредієнти :

- 6 великих яєць
- 2 столові ложки цільнозернового борошна
- 1 чайна ложка чорного перцю
- 1 середня цибулина, нарізана ½-дюймовими шматочками
- 1 чашка свіжого або замороженого шпинату, нарізаного ½-дюймовими шматочками
- 1 склянка червоного та/або зеленого болгарського перцю, нарізаного шматочками розміром ½ дюйма
- 1 склянка свіжих грибів, нарізаних пластинками
- 1 зубчик часнику, дрібно нарізаний
- 2 столові ложки свіжого листя базиліка
- ⅓ склянки частково знежиреного сиру моцарела, подрібненого
- Кулінарний спрей

Напрямки

a) Попередньо розігрійте духовку (звичайну або тостер) для запікання.

b) У великій ємності збийте яйця до піни, потім додайте цільнозернове борошно, чорний перець і розпушувач.

c) Покрийте важку сковороду з жароміцною ручкою кулінарним спреєм і розігрійте її на середньому вогні.

d) Додайте цибулю і пасеруйте до розм'якшення, потім додайте шпинат, болгарський перець і гриби і продовжуйте гасити ще 2-3 хвилини.

e) Варіть 1 хвилину після додавання часнику та базиліка. Щоб речі не підгоріли, постійно їх помішуйте.

f) Вилийте яєчну суміш на сковороду і перемішайте, щоб включити овочі.

g) Готуйте 5-6 хвилин або поки яєчна суміш не застигне знизу і не почне схоплюватися зверху.

h) Додайте подрібнений сир і обережно вдавіть його під яйця тильною стороною ложки, щоб він не підгорів у духовці.

i) Розігрійте духовку до розжарювання та випікайте 3-4 хвилини або до золотистого кольору та рум'яності.

j) Вийняти з форми і розрізати на 6 частин.

25. Брауні з чорної квасолі

Вихід: 16 порцій

Інгредієнти :

- 3/4 склянки чорної квасолі з низьким вмістом натрію, злити
- 1/4 склянки несолодкого яблучного пюре
- 1/4 склянки олії каноли
- 2 великих яєчних білка
- 1 велике яйце
- 1/2 склянки фасованого коричневого цукру
- 1 чайна ложка ванільного екстракту
- 1/4 склянки несолодкого какао-порошку
- 1/3 склянки цільнозернового борошна
- 1/2 чайної ложки розпушувача
- 1/2 чайної ложки солі
- 1/2 склянки напівсолодкої шоколадної стружки

Напрямки :

a) Розігрійте духовку до 350 градусів за Фаренгейтом.

b) Змішайте в блендері чорну квасолю, яблучне пюре та олію каноли до однорідності. Додайте яєчні білки, яйце, цукор і ваніль у велику миску і збийте, щоб з'єднати.

c) В окремій ємності змішайте какао-порошок, борошно, розпушувач і сіль.

d) Збийте борошняну суміш із сумішшю чорної квасолі, доки тісто не стане однорідним. Шоколадні шматочки потрібно скласти.

e) Розігрійте духовку до 350°F і випікайте 20-25 хвилин або доки ніж, вставлений у центр, не вийде чистим.

f) Дайте йому повністю охолонути, перш ніж розрізати на 16 шматочків і подавати!

26. **Флорентійська солодка картопля**

Вихід: 4 порції

Інгредієнти :

- 4 середніх солодких картоплі
- 2 упаковки по 10 унцій шпинат
- 1 столова ложка оливкової олії
- 1 шалот, подрібнений
- 2 зубчики часнику, подрібнити
- 6 в'ялених помідорів, нарізаних кубиками
- 1/4 чайної ложки солі
- 1/4 чайної ложки чорного перцю
- 1/4 чайної ложки пластівців червоного перцю
- 1/2 склянки частково знежиреного сиру Рікотта

Напрямки :

a) Розігрійте духовку до 400 градусів за Фаренгейтом.

b) Викладіть солодку картоплю на підготовлене деко, проткнувши його виделкою.

c) Випікайте 45-60 хвилин або до готовності картоплі. Дайте час для охолодження.

d) Розріжте картоплю посередині ножем і розпушіть м'якоть картоплі виделкою, потім відкладіть.

e) У великій сковороді розігрійте олію на середньому вогні. Варіть 2-3 хвилини або поки цибуля-шалот не розм'якшиться.

f) Готуйте ще 30 секунд або поки часник не стане ароматним.

g) У великій мисці змішайте зціджений шпинат, помідори, сіль, чорний перець і пластівці червоного перцю. Варіть ще 2 хвилини.

h) Зніміть з вогню і відставте остигати.

i) Додайте сир Рікотта в шпинатну суміш.

j) Подавайте шпинатну суміш поверх розділеної солодкої картоплі. Насолоджуйтесь!

27. Морквяні мафіни

Вихід: 24 порції

Інгредієнти :

- 2 1/4 склянки старомодного вівса
- 1 склянка цільнозернового борошна
- 1/2 склянки меленого насіння льону
- 2 чайні ложки кориці
- 1/2 чайної ложки мускатного горіха
- 1/2 чайної ложки соди
- 1/2 чайної ложки солі
- 1 чашка несолодкого яблучного пюре
- 1/2 склянки меду або чистого кленового сиропу
- 1 велике яйце
- 2 чайні ложки ванільного екстракту
- 1/4 склянки несоленого вершкового масла, розтопленого
- 2 середні моркви, натерті на тертці
- 1 велике яблуко, натерте

Напрямки :

a) Розігрійте духовку до 350 градусів за Фаренгейтом.

b) Вистеліть дві форми для випічки пергаментним папером.

c) Змішайте овес, борошно, насіння льону, корицю, мускатний горіх, харчову соду та сіль у великій ємності.

d) Змішайте яблучне пюре, мед, яйце та ванільний екстракт у середній ємності. Розтопіть масло і додайте його в суміш.

e) З'єднайте вологі та сухі компоненти, перемішавши їх. У великій мисці змішайте терту моркву та яблуко.

f) Наберіть тісто на підготовлене деко та розрівняйте мірою 1/4 склянки.

g) Випікайте 14-15 хвилин, або поки злегка не підрум'яниться і не застигне. Перед подачею дайте охолонути.

28. Мініатюрні пироги з пеканом

Вихід: 15 порцій

Інгредієнти :

- 1 столова ложка вершкового масла, розтопленого
- 1 велике яйце
- 4 чайні ложки коричневого цукру
- 2 столові ложки меду
- 1/4 чайної ложки ванільного екстракту
- 1/2 чашки пекан, нарізаних
- 15 міні-шкаралупок філо

Напрямки :

a) Розігрійте духовку до 350 градусів за Фаренгейтом.

b) У середню ємність для змішування додайте всі інгредієнти, крім пекан і шкаралупи філо, і ретельно перемішайте. Додайте подрібнені горіхи пекан і добре перемішайте.

c) Рівним шаром викладіть невеликі корпуси для пирога на деко. Наповніть кожну раковину наполовину сумішшю пекан. Якщо суміш залишилася, рівномірно розподіліть її по всіх черепашках.

d) Випікати 10-15 хвилин. Перед подачею дайте охолонути.

29. Торт «Волосся какао».

Порції : 12

Інгредієнти :

- ¾ склянки борошна, просіяного
- ¼ склянки какао
- ¼ склянки цукру
- 10 яєчних білків
- 1 чайна ложка винного каменю
- 1 стакан цукру

Напрямки

a) Розігрійте духовку до 350 градусів за Фаренгейтом.

b) Просійте разом борошно, какао і 14 склянок цукру.

c) В окремій мисці збити яєчні білки до утворення піни. Збити вершки винного каменю до твердості, але не досуха. По 1 столовій ложці за раз додайте в чашку цукру.

d) Додайте ванільний екстракт. Додайте невелику кількість просіяної борошняної суміші до тіста. Повторюйте, доки не буде використано всю борошняну суміш.

e) Вилийте тісто в не змащену олією форму діаметром 9 дюймів і випікайте 45 хвилин.

f) Щоб охолонути, переверніть форму та повісьте пиріг догори дном приблизно на 12 годин після того, як вийняли його з духовки.

30. Чізкейк з сиру

Порцій: 8

Інгредієнти для скоринки

- ¼ склянки твердого маргарину
- 1 чашка нежирних крихт крекеру Грем
- 2 столові ложки білого цукру
- ¼ столової ложки кориці

Інгредієнти для торта

- 2 склянки нежирного сиру, протертого в пюре
- 2 яйця
- 3 столові ложки борошна універсального призначення
- 1 чайна ложка ванільного екстракту
- ⅔ склянки білого цукру АБО ⅓ склянки цукрової суміші

Напрямки

a) Розігрійте духовку до 325 градусів за Фаренгейтом.

b) Масло розтопити. Змішайте крихти крекеру Грем, цукор і корицю в мисці. Наповніть 10-дюймову пружинну форму наполовину тістом.

c) Збийте сир в кухонному комбайні .

d) Змішайте молоко, яйця, борошно, ваніль і цукор до повної однорідності. Вилийте суміш у корж для пирога.

e) Випікати 60 хвилин у духовці. Перед подачею дайте повністю охолонути.

31. Мікрозелені фаршировані яйця

ПОРЦІЯ 9

Інгредієнти

- 9 яєць
- 1/4 склянки майонезу
- 2 столові ложки м'якого тофу
- щіпка солі
- 2 столові ложки подрібненої мікрозелені редьки
- 3 чайні ложки готової гірчиці
- 2 нарізані свіжі редиски за бажанням

Напрямки

- Зваріть яйця круто до готовності - 9-11 хвилин
- Очистіть яйця і акуратно розріжте їх навпіл.
- Видаліть жовті серединки та покладіть їх у невелику миску. Додайте решту інгредієнтів (без нарізаної редиски) і добре перемішайте.
- Поверніть ложкою начинку в яйця, а зверху покладіть скибочку свіжої редьки та кілька гілочок мікрозелені.

32. Млинці Pea Shoot

Інгредієнти

- 3 великих органічних яйця
- 1 склянка сиру
- 2 столові ложки оливкової олії першого віджиму
- 1/2 склянки борошна з бобів гарбанцо (нуту).
- 1 зубчик часнику, подрібнений
- 2 чайні ложки цедри лимона
- 1/2 чайної ложки солі
- 1 склянка подрібнених пагонів гороху
- 3 столові ложки подрібненої цибулі

Напрямки

a) У кухонному комбайні або блендері змішайте яйця, сир, олію, борошно, часник, цедру лимона та сіль. Боб у пагонах гороху та шніт-цибулі.

b) Розігрійте злегка змащену маслом сковороду на середньому вогні.

c) Працюючи порціями, додавайте тісто по 1/4 склянки на сковороду та готуйте млинці, поки зверху не утворяться бульбашки, приблизно 2-3 хвилини.

d) Переверніть і готуйте, поки млинці не підрум'яняться знизу, а центри не прожаряться, ще приблизно на 1 хвилину.

е) Дайте млинцям охолонути на металевій решітці, поки приготуйте тісто, що залишилося.

33. Яєчний білок і мікрозелень омлет

Інгредієнти

- 2 яєчних білка
- Щіпка солі і перцю
- 2 чайні ложки молока
- Кулінарний спрей

Напрямки

a) Збийте два білки і 2 чайні ложки молока.

b) Додайте суміш у сковороду з легким шаром кулінарного спрею та готуйте їх на середньому або слабкому вогні.

c) Додайте трохи солі та перцю в яйце під час приготування, переверніть яйце, коли дно буде здаватися готовим.

d) Коли друга сторона буде готова, перекладіть її на тарілку, наповніть нарізаним авокадо, подрібненим козячим сиром і трохи свіжої мікрозелені та складіть навпіл.

34.   Pinon (омлет з яловичого подорожника)

Вихід: 4 порції

Інгредієнт

- 3 Дуже стиглі подорожники
- Олія для смаження
- 1 Цибуля; подрібнений
- ½ Зелений перець; подрібнений
- 2 Зубчики часнику
- ½ фунта Яловичий фарш (я зазвичай пропускаю)
- ¼ склянки Томатний соус
- 1 столова ложка Каперси
- 1 столова ложка Нарізані зелені оливки (за бажанням)
- Сіль і перець
- ½ фунта Зелена квасоля; свіжі або заморожені, нарізані шматочками по 3 дюйми
- 6 Яйця
- ¼ склянки Вершкове масло

Напрямки

a) Подорожник очистити від шкірки, нарізати скибочками товщиною 2 дюйма вздовж і обсмажити в олії до золотистої скоринки. Вийміть, злийте воду та тримайте в теплі. На сковороді обсмажте цибулю, зелений перець і часник до м'якості, але не коричневого кольору.

b) Додати яловичий фарш і смажити на сильному вогні 3 хвилини. Влийте томатний соус і за бажанням додайте каперси та оливки. Варіть 15 хвилин на середньому вогні, періодично помішуючи. Приправити сіллю і перцем за смаком. Стручкову квасолю промийте і готуйте на пару до готовності. Збийте яйця, додавши сіль і перець за смаком.

c) Змастіть боки та дно круглої запіканки вершковим маслом і розтопіть масло, що залишилося на дні. Влийте половину збитих яєць і готуйте на середньому вогні приблизно 1 хвилину або поки злегка не застигне. Накрийте яйця третиною скибочок подорожника, потім шарами половину меленого м'яса і половину стручкової квасолі. Додайте ще один шар подорожників, решту яловичого фаршу, ще один шар бобів і зверху подорожники. Зверху вилити решту збитих яєць. Варіть на повільному вогні 15 хвилин, не накриваючи кришкою, стежачи, щоб омлет не пригорів.

d) Потім поставте в розігріту до 350 градусів духовку на 10-15 хвилин, щоб верх підрум'янився.

е) Подавайте з рисом і квасолею. Чудово підходить для обіду.

35.   Пуерториканські рисові булочки

Вихід: 24 булочки

Інгредієнт

- 2 склянки молоко
- 2 унції Вершкове масло
- $\frac{3}{4}$ чайної ложки сіль
- 2 склянки Дуже дрібне рисове борошно
- 2 чайні ложки Порошок для випічки
- 3 Яйця
- $\frac{1}{2}$ фунта М'який білий сир
- Сало або рослинне масло для смаження у фритюрі

Напрямки

a) У каструлі нагрійте до кипіння Інгредієнти в «А» і зніміть з вогню.

b) Рисову муку і розпушувач змішати з вмістом в каструлі. Додайте яйця ПО ОДНОМУ і перемішайте.

c) Варіть на помірному вогні, постійно помішуючи дерев'яною лопаткою, поки суміш не відокремиться від стінок і дна каструлі.

d) Зняти з вогню. Сир розімніть виделкою і додайте. Ретельно перемішати.

e) Додавайте суміш по ложці в жир, нагрітий до 375F, до коричневого кольору. Вийміть і злийте на абсорбуючий папір.

36. Flan de queso de Puerto Rico

Вихід: 4 порції

Інгредієнт

- 4 Велике яйце с
- 1 банка (14 унцій) згущене молоко; Підсолоджений
- 1 банка (12 унцій) згущене молоко
- 6 унцій Вершковий сир
- 1 чайна ложка Ванільного екстракту

Напрямки

a) Змішайте яйця, молоко і ванілін.

b) Розм'якшіть вершковий сир і змішайте його з іншими інгредієнтами. Будьте обережні, щоб не перемішати вершковий сир, інакше це спричинить повітряні кишені у флані.

c) Приготуйте карамель, заривши $\frac{1}{2}$ склянки цукру на повільному вогні, поки цукор не розрідиться. Для цього використовуйте металеву ємність.

d) Перелийте карамелі в сковороду/рамекін рівно стільки, щоб покрити дно.

e) Коли цукор затвердіє, вилийте тісто, яке ви приготували відповідно до вказівок 1 і 2, у сковороду/рамекін.

f) помістіть каструлю/рамекін у марміт. Каструля/рамекін, у якій містяться інгредієнти, має бути занурена у воду на $\frac{3}{4}$.

g) Випікайте при 325 градусах за Фаренгейтом приблизно $\frac{1}{2}$ години. Флан готовий, коли вставлений у нього ніж/зубочистка виходить чистою.

37. М'ясний рулет Пуерто-Ріко

Вихід: 1 порція

Інгредієнт

- 1 фунт фарш
- 1 яйце
- 1 маленький Подрібнену цибулю
- Часникова сіль
- Петрушка
- ½ склянки Панірувальні сухарі
- ½ склянки молоко
- 1 столова ложка гірчиця
- 2 Яловичі бульйонні кубики
- 1 столова ложка Вустерширський соус
- 5 Моркву але уздовж
- 1 банка Томатний сік
- 2 середовища картопля

Напрямки

a) Змішайте м'ясний фарш, яйце, цибулю, часникову сіль, петрушку, панірувальні сухарі, молоко та гірчицю.

b) Обваляти в приправленому борошні з паприкою, сіллю і перцем. Обсмажити на електричній сковороді, обсмажити з усіх боків. Додайте бульйонні кубики, вустерський соус, моркву, томатний сік і картоплю.

c) Готуйте разом з м'ясом під кришкою приблизно 1 годину 15 хвилин або до готовності.

38. Авокадо, фарширований копченою рибою

Вихід: 4 порції

Інгредієнт

- 4 Зварені круто яйця
- ¼ склянки молоко
- ¼ склянки Проціджений свіжий сік лайма
- ¼ чайної ложки цукор
- ½ чайної ложки сіль
- ⅓ склянки Рослинна олія
- 2 столові ложки Оливкова олія
- ½ фунта Копчена біла риба
- 2 великих Стиглі авокадо
- 12 Смужки свіжого червоного болгарського перцю

Напрямки

a) У глибокій мисці розімніть ложкою або виделкою яєчні жовтки з молоком до однорідної маси. Додайте 1 столову ложку соку лайма, цукор і сіль.

b) Потім вбийте по чайній ложці рослинне масло; переконайтеся, що кожна добавка поглинається, перш ніж додавати ще. Додайте оливкову олію по чайній ложці, постійно збиваючи. Перемішайте сік лайма, що залишився, у соус і спробуйте приправу.

c) Опустіть рибу в миску і дрібно подрібніть виделкою. Додайте подрібнені яєчні білки та соус і обережно, але ретельно перемішайте.

d) Ложкою викласти рибну суміш на половинки авокадо

39. Запечені яйця з копченим лососем

Вихід: 2 порції

Інгредієнт

- 2 столові ложки Вершкове масло
- 3 столові ложки М'які сухарі
- 2 Яйця
- 1 Зубчик часнику; фарш
- 2 унції Вершковий сир
- 2 унції Копчений лосось; нарізаний
- 2 унції Гострий сир чеддер; тертий
- 1 помідор; товсто нарізані

Напрямки

a) Масляні запіканки . Натисніть 2-3 чайні ложки панірувальних крихт на дно та боки кожного. Змішайте решту крихт з 1 т. вершкового масла, залиште. У кожну тарілку розбити яйце. Розтерти часник з вершковим сиром і акуратно викласти поверх яєць. Додати копчений лосось, складаючи довгі смужки, якщо потрібно.

b) Посипте лосось тертим чеддером. На кожне блюдо покласти по 1 жирному шматочку помідора. Покришіть половину хлібних крихт на кожну страву та випікайте в духовці при температурі 350 градусів протягом 8-15 хвилин, потім обсмажте 2-3 хвилини, доки верхівка не підрум'яниться та не стане хрусткою. Подавайте одразу.

40. Яйце пашот і копчений лосось

Вихід: 4 порції

Інгредієнт

- ½ склянки сметана
- 3 столова ложка нарізаний цибулю-шніт
- 2 столові ложки біле вино
- сіль; смакувати
- свіжомелений чорний перець; смакувати
- 4 великий яйця
- 4 великий тільки що запечена картопля
- 4 унція копчений лосось; жульєн
- 1 нарізаний цибулю-шніт
- 1 дрібно нарізану червону цибулю ікра

Напрямки

a) У невеликій мисці змішайте сметану, цибулю і біле вино; приправити за смаком сіллю і перцем. Переносити, відкладати. У неглибокій каструлі або сковороді доведіть 2 дюйми холодної води та оцет до кипіння на середньому вогні.

b) Зменшіть вогонь, поки вода не закипить. Розбийте яйця по одному в чашку для кави або чашку для кави. Тримаючи рамекін якомога ближче до води, обережно опустіть яйце у воду. Яйця пашот 3 хвилини для дуже м'яких яєць, 5 хвилин для середньої м'якості.

c) За допомогою шумівки вийміть яйця. При необхідності обережно промокніть паперовими рушниками. Наріжте відкриту верхівку печеної картоплі та відіжміть. Зверху покладіть яйця та перехрестіть смужки лосося. За допомогою вижимної пляшки або чайної ложки збризніть сметанним соусом лосось і навколо картоплі.

d) Декоративно прикрасьте шніт-цибулею, цибулею та ікрою та негайно подавайте.

41. Консервовані яєчні жовтки

Інгредієнти

- 1½ склянки цукру
- 1½ склянки кошерної солі
- 8 яєць

Напрямки

a) Змішайте 1 склянку цукру та 1 склянку солі на дні 8-дюймової квадратної каструлі або контейнера, достатнього розміру, щоб вмістити вісім яєчних жовтків, не торкаючись.

b) Скористайтеся зворотною стороною супової ложки, щоб зробити вісім рівномірно розташованих поглиблень у солі та цукрі. Не копайте занадто глибоко; ви хочете, щоб кожна частина нижньої частини жовтка торкалася цукру та солі.

c) В окремий посуд відокремте одне яйце. Обережно перенесіть яєчний жовток в одне з поглиблень, а білок залиште для іншого використання. Дотримуйтеся цього прикладу з рештою яєць, по одному. Нічого страшного, якщо ви випадково розіб'єте жовток, але краще залишити їх цілими.

d) Акуратно насипте ½ склянки цукру та ½ склянки солі, що залишилися, поверх жовтків, щоб сформувати невеликі горбки. Переконайтеся, що жовтки повністю покриті.

e) Накрийте посуд або ємність щільною кришкою або поліетиленовою плівкою. Обережно поставте в холодильник і дайте жовткам настоятися 4 дні.

f) Поставте решітку на деко. Покладіть жовтки на решітку, а потім помістіть деко в духовку. Дайте їм висохнути і завершіть затвердіння протягом 35 хвилин. Ваші жовтки тепер готові до використання.

42. Розсолені яйця

Інгредієнти

- 6 яєць
- ¾ склянки кошерної солі
- 3 склянки води

Напрямки

a) Поставте 3-квартову (або більшу) ємність із кришкою на стійку поверхню в прохолодному, захищеному від прямих сонячних променів місці. Обережно помістіть цілі яйця в контейнер, намагаючись не розбити їх під час руху.

b) Змішайте сіль і воду в глечику і перемішуйте, поки не отримаєте каламутний розсіл. Акуратно залийте розсолом яйця, щоб повністю покрити їх.

c) Дайте яйцям постояти в розсолі принаймні 5 тижнів. Через 12 тижнів вони будуть занадто солоними, щоб насолоджуватися ними. Візуальних змін яєць не буде.

d) Щоб зварити яйця, поставте невелику каструлю на плиту. Акуратно вийміть яйця з розсолу і акуратно покладіть їх на дно каструлі

e) Налийте глечик свіжої води на яйця, щоб повністю покрити їх. Накрийте каструлю кришкою і варіть на сильному вогні, поки вода швидко не закипить. Вимкніть вогонь, накрийте каструлю кришкою та встановіть таймер на 6 хвилин.

f) Коли час закінчиться, негайно злийте яйця, а потім опустіть їх у холодну воду, поки вони не охолонуть, щоб ними можна було користуватись. Використовуйте негайно або зберігайте в холодильнику до 1 тижня.

g) Для подачі обережно обкачайте яйце, щоб шкаралупа розтріскалася. Очистити яйце. Білок затвердіє, але стане м'яким, а жовток буде дуже твердим і яскравим. Їжте яйця цілими, розділіть їх уздовж навпіл або подрібніть.

43. Димчасті яйця в соєвому соусі

Інгредієнт

- 6 яєць
- 1½ склянки води
- 1 стакан соєвого соусу
- 2 столові ложки рисового оцту
- 2 столові ложки цукру
- 4 чайні ложки лапсангу чай сушонг , у чайному пакетику або чайній кульці для легкого вилучення

Напрямки

1. Обережно покладіть яйця в один шар у середню каструлю та залийте 2 дюймами води. Накрийте каструлю кришкою і варіть на сильному вогні, поки вода швидко не закипить. Вимкніть вогонь, накрийте каструлю кришкою та встановіть таймер на 6 хвилин. Коли час закінчиться, негайно злийте яйця, а потім опустіть їх у холодну воду, поки вони не охолонуть, щоб ними можна було користуватись.

2. Поверніть каструлю на плиту і додайте воду, соєвий соус, оцет, цукор і чай. Доведіть цей розсіл до кипіння, помішуючи,

щоб цукор розчинився. Вимкніть вогонь і накрийте розсіл кришкою, щоб він був теплим.

3. Тим часом розбийте яєчну шкаралупу, щоб яйце виглядало мармуровим, або повністю очистіть їх від шкірки, щоб отримати гладкий вигляд і більше смаку соєвого соусу. Щоб розбити яєчну шкаралупу, обережно постукайте її верхньою та нижньою сторонами об стільницю, а потім покатайте її вздовж. Якщо ви очищаєте яйця повністю, для досягнення найкращих результатів почніть чистити яйця з великої круглої верхівки, де ви помітите невелику кишеню під шкаралупою.

4. Помістіть розбиті або очищені яйця в $1\frac{1}{2}$-квартову банку для консервування. Викиньте чай і залийте розсолом яйця, щоб вони повністю занурилися. Якщо яйця плавають, зважте їх маленьким пакетом на блискавці, наповненим водою.

5. Накрийте яйця кришкою та поставте в холодильник принаймні на 6 годин, щоб вони набули смаку розсолу.

44. Каррі мариновані яйця

Інгредієнт

- 6 яєць
- 2 столові ложки насіння кмину
- 2 чайні ложки меленого коріандру
- 1½ склянки води
- 1 стакан яблучного оцту
- 3 зубчики часнику, подрібнені і очищені
- 3 тонких скибочки свіжого імбиру
- 2 чайні ложки меленої куркуми
- 2 чайні ложки чорного перцю горошком
- 2 чайні ложки кошерної солі

Напрямки

a) Обережно покладіть яйця в один шар у середню каструлю та залийте 2 дюймами води. Накрийте каструлю кришкою і варіть на сильному вогні, поки вода швидко не закипить. Вимкніть вогонь, накрийте каструлю кришкою та встановіть таймер на 6 хвилин.

b) Додайте кмин і коріандр і підсмажте на середньому вогні, часто помішуючи, доки вони не стануть ароматними, приблизно $2\frac{1}{2}$ хвилини. Одразу додайте $1\frac{1}{2}$ склянки води, щоб зупинити варіння, потім додайте оцет, часник, імбир, куркуму, перець горошком і сіль. Збільште вогонь і закип'ятіть розсіл.

c) Тим часом розбийте яєчну шкаралупу, обережно постукавши її верхньою та нижньою сторонами об стіл, а потім покатайте її вздовж.

d) Покладіть очищені яйця в $1\frac{1}{2}$-квартову банку для консервування. Налийте розсіл (включно з його твердими речовинами) на яйця, щоб занурити їх у розсіл.

e) Накрийте яйця кришкою та поставте в холодильник принаймні на 4 дні, щоб вони набули смаку розсолу.

45.   Бурякові квашені яйця

Інгредієнт

- 6 яєць
- 1 дуже маленький червоний буряк, очищений і нарізаний четвертинками
- 1 зубчик часнику, подрібнений і очищений
- 2 чайні ложки цукру
- 2 чайні ложки кошерної солі
- 1 чайна ложка чорного перцю горошком
- ½ чайної ложки насіння селери
- ½ чайної ложки насіння кропу
- ¼ чайної ложки пластівців червоного перцю (за бажанням)
- 2 цілих зубчики
- 1 невеликий лавровий лист
- 1½ склянки води
- ¾ склянки яблучного оцту

Напрямки

a) Обережно покладіть яйця в один шар у середню каструлю та залийте 2 дюймами води. Накрийте каструлю кришкою і варіть на сильному вогні, поки вода швидко не закипить. Вимкніть вогонь, накрийте каструлю кришкою та встановіть таймер на 6 хвилин.

b) Змішайте буряк, часник, цукор, сіль, горошини перцю, насіння селери, насіння кропу, пластівці перцю, гвоздику, лавровий лист, воду та оцет у каструлі на сильному вогні. Доведіть цей розсіл до кипіння, помішуючи, щоб цукор і сіль розчинилися.

c) Тим часом розбийте яєчну шкаралупу, обережно постукавши її верхньою та нижньою сторонами об стільницю, а потім покатавши її по боках.

d) Покладіть очищені яйця в $1\frac{1}{2}$-квартову банку для консервування. Залити теплим розсолом яйця

46. Кукурудзяні мафіни з копченою індичкою

Вихід: 36 порцій

Інгредієнт

- 1½ чашки жовтого кукурудзяного борошна
- 1 склянка борошна, просіяного універсального призначення
- ⅓ склянки цукру
- 1 столова ложка розпушувача
- 1 чайна ложка солі
- 1½ склянки молока
- ¾ склянки вершкового масла, розтопленого, охолодженого
- 2 яйця, злегка збиті
- ½ фунта копченої грудки індички, тонко нарізаної
- ½ склянки журавлинного соусу або медової гірчиці

Напрямки

a) Розігрійте духовку до 400 градусів. Формочки для міні-кексів з маслом. Змішайте кукурудзяне борошно, борошно, цукор, розпушувач і сіль у великій мисці. Змішайте молоко, масло та яйця в середній мисці. Перемішайте молочну суміш із сумішшю кукурудзяного борошна, поки вона не зволожиться. Розкладіть тісто в міні-форми для кексів.

b) Випікайте до золотистого кольору, 14-16 хвилин. Дайте охолонути на решітці протягом п'яти хвилин. Вийміть з форм і дайте повністю охолонути.

47. Копчений лосось з дерунами

Вихід: 2 порції

Інгредієнт

- 150 грам картопляного пюре
- 15 мілілітрів білого борошна
- 30 мілілітрів молока
- 2 яйця, збиті
- Сіль і свіжомелений чорний перець
- 1 салатна цибулина; дрібно нарізати
- 100 грам копченої обрізки лосося
- 1 столова ложка оливкової олії
- 225 грам Філе лосося легкого копчення
- 2 яйця пашот

Напрямки

a) Змішайте картоплю, борошно, молоко, яйця та приправи, щоб вийшло однорідне тісто.

b) Перемішайте цибулю та обрізки лосося.

c) Розігрійте сковороду, додайте трохи олії і кладіть велику ложку суміші. З суміші має вийти приблизно 6-8 млинців діаметром 8 см (3 дюйми) кожен.

d) Готуйте кожну сторону 1-2 хвилини на середньому вогні або до золотистої скоринки. Відкладіть і тримайте в теплі.

e) Розігрійте оливкову олію на сковороді, додайте скибочки злегка підкопченого філе лосося і смажте по 1 хвилині з кожного боку.

48. Запечений копчений лосось і сир фета

Вихід: 2 порції

Інгредієнт

- 3 унції Копчений лосось, нарізаний кубиками
- 6 унцій Сир вершковий, розм'якшений
- 3 унції Сир фета
- 1 Яйце, злегка збите
- 1 чайна ложка Каперси
- 2 столові ложки Дрібно нарізану петрушку
- 4 Зелена цибуля, подрібнена, нарізана кубиками
- 1 столова ложка Насіння маку

Напрямки

a) Вам також знадобиться 1 лист замороженого тіста, нарізаний прямокутником 3 x 8 дюймів, і трохи розтопленого масла. Розігрійте духовку до 375 градусів. У середній мисці вручну змішайте лосось, вершковий сир, сир фета, яйце, каперси, петрушку та цибулю. Розкачайте лист тіста вдвічі.

b) Рясно змастіть його розтопленим маслом. Розподіліть суміш лосося по листу. Згорніть у желейний рулет, загорнувши кінці, щоб закріпити. Зверху рулет змастити розтопленим маслом і посипати маком. Зробіть на рулоні діагональні надрізи глибиною $\frac{1}{2}$ дюйма, щоб пара виходила. Випікайте рулет 20-30 хвилин або до золотистого кольору. Подавати теплим.

49. Чізкейк з копченим лососем

Вихід: 1 порція

Інгредієнт

- 12 унцій Сир вершковий, розм'якшений
- ½ фунта Копчений лосось або Локс
- 3 Яйця
- ½ Лук-шалот, фарш
- 2 столові ложки Вершки
- 1½ чайної ложки Лимонний сік
- щіпка сіль
- щіпка Білий перець
- 2 столові ложки Цукровий пісок
- ½ склянки Натуральний йогурт
- ¼ склянки Сметана
- 1 столова ложка Лимонний сік
- ¼ склянки Зелену цибулю подрібнити
- Червоний і жовтий перець нарізати кубиками

Напрямки

a) У чаші міксера збити сир до дуже м'якого стану. У кухонному комбайні подрібніть лосось до пасти; додайте яйця по одному та цибулю-шалот.

b) Помістіть суміш лосося в миску; змішати вершки, лимонний сік, сіль, перець і цукор; добре перемішати. Додайте до збитого вершкового сиру.

c) Викладіть у змащену маслом форму діаметром 7 або 8 дюймів. Помістіть заповнену форму у більшу форму для випічки; налийте меншу каструлю на 1 дюйм гарячої води. Випікати від 25 до 30 хвилин.

d) Тим часом приготуйте соус.

50. Булочки з чеддером

Вихід: 8 порцій

Інгредієнт

- 4 чашки Бісквітна суміш
- 1¼ склянки молоко
- 2 Яйця
- ¼ склянки вершкове масло; розплавлений
- 2½ склянки Дрібно подрібнений сир чеддер
- Копчена індичка; тонко нарізані

Напрямки

a) З'єднайте бісквітну суміш, молоко, яйця, масло і сир; добре перемішайте, поки інгредієнти не зволожуються.

b) Викладайте столовими ложками на злегка змащене маслом деко. Розігрійте духовку до 400°F; випікайте від 12 до 14 хвилин або до золотисто-коричневого кольору. Вийміть з духовки та трохи охолодіть, перш ніж знімати з дека.

c) Для подачі розріжте булочки навпіл і наповніть невеликим шматочком індички.

51. Деруни картопляні

Вихід: 6 порцій

Інгредієнт

- 2 фунти Червона картопля; очищені і нарізані кубиками
- 1 середній Цибуля; нарізати шматочками
- 2 столові ложки маца; або борошно універсального призначення
- 2 яйця; розділені
- 4 столові ложки свіжий цибулю; подрібнений
- 2 чайні ложки сіль
- ½ чайної ложки Білий перець
- ⅔ склянки Кукурудзяна олія; для смаження
- 6 унцій Копчений лосось; тонко нарізані
- 3 унції Золота ікра

Напрямки

a) Картоплю і цибулю нашаткувати в кухонному комбайні. Перекладіть вміст робочої миски у велику миску.

b) Поставте велике ситечко над середньою мискою. Помістіть суміш картоплі та цибулі в ситечко та міцно притисніть, щоб витягти рідину; запасні рідини.

c) Поверніть картопляну суміш у велику миску. Змішайте мацу, яєчні жовтки, 2 столові ложки цибулі, сіль і перець. Додайте пасту в картопляне тісто. Яєчні білки збийте до міцної міцності, але не насухо; скласти в тісто.

d) Розігрійте ⅓ склянки олії в кожній з 2 важких великих сковород на середньому сильному вогні. Опустіть 1 столову ложку картопляного тесту на млинець у гарячу олію; розкладіть кожен до діаметра 3 дюйма. Готуйте млинці, поки низ не стане коричневим

52. Пудинг з кукурудзи та копченої індички

Вихід: 4 порції

Інгредієнт

- 2 столові ложки Вершкове масло
- ½ склянки Дрібно нарізану цибулю
- 1 стакан Дрібно нарізаний червоний дзвіночок перці
- 1 столова ложка Кукурудзяний крохмаль розчинити в курячому бульйоні
- 1 стакан Світло-кремовий
- 4 Яйця, розділені
- 1 чайна ложка діжонська гірчиця
- 2 склянки Розморожені зерна кукурудзи
- 1 стакан Подрібнена копчена індичка
- Сіль і свіжомелений Чорний перець

Напрямки

1. Розігрійте вершкове масло в 9-дюймовій сковороді. Обсмажте цибулю та перець, поки вони не стануть м'якими, а цибуля трохи підрум'яниться.

2. Коли охолоне, перемістіть їх у миску для змішування та додайте кукурудзяний крохмаль, вершки, яєчні жовтки та гірчицю. Добре збийте, щоб змішати.

3. Додайте кукурудзу та індичку в яєчну суміш. Приправити сіллю і перцем. Збийте яєчні білки, поки вони не стануть твердими, але не сухими, і додайте їх до жовткової суміші.

4. Перекладіть у форму для випікання, змащену маслом, і випікайте 35-40 хвилин або до рум'яності та пухкості.

5. Подавайте з гарніром з нарізаних стиглих помідорів і вінегретом.

53. Вершковий тарт з копченим лососем і кропом

Вихід: 6 порцій

Інгредієнт

- 5 Листовий філо - розморожений
- 3 столові ложки Несолоне вершкове масло - розтоплене
- 4 великих Яєчні жовтки
- 1 столова ложка Гірчиця діжонська - ПЛЮС 1 чайна ложка
- 3 великих Яйця
- 1 стакан Половина на половину
- 1 стакан Збиті вершки
- 6 унцій Копчений лосось - подрібнений
- 4 Зелена цибуля - подрібнити
- $\frac{1}{4}$ склянки кріп

Напрямки

1. Глибоке блюдо для пирога діаметром 9-½ дюймів щедро змастіть маслом. Покладіть 1 лист філо на робочу поверхню . Змастіть лист філо маслом і складіть уздовж навпіл.

2. Змастіть складену поверхню вершковим маслом. Розріжте навпіл хрест-навхрест. Покладіть 1 прямокутник філо, змащену маслом стороною вниз, на підготовлену тарілку для пирога . Змастіть вершковим маслом верх філо в тарілці для пирога. Помістіть другий прямокутник філо на тарілку для пирога, накривши дно та дозволивши тісту виступати над іншою частиною краю на ½ дюйма; змастіть маслом.

3. Розігрійте духовку до 350F. Збийте жовтки та гірчицю в середній мисці, щоб змішати. Збити яйця, наполовину, вершки, лосось, цибулю та подрібнений кріп. Приправити за смаком сіллю і перцем. Вилийте в підготовлений корж.

4. Випікайте, поки не затвердиться центр, приблизно 50 хвилин. Перекласти на стелаж. круто

5. Прикрасьте гілочками кропу і подавайте злегка теплими або кімнатної температури

54. Латекс з копченим лососем

Вихід: 1 порція

Інгредієнт

- 2 фунти очищеної картоплі
- 1 яйце
- 2 столові ложки борошна
- ½ чайної ложки солі
- Перець мелений за смаком
- 2 унції копченого лосося, подрібненого
- 1 чашка зеленої цибулі, нарізаної
- 3 столові ложки рослинного масла
- Латке з копченого лосося

Напрямки

1. Картоплю натерти на тертці, руками віджати якомога більше соку.

2. Помістіть картоплю у велику миску, додайте борошно, сіль і перець; добре перемішати.

3. Додайте копчений лосось і зелену цибулю, перемішайте, щоб з'єднати

4. Налийте 1 ст . олії у велику форму для запікання з неглибокими стінками; змастіть дно маслом.

5. Викладіть велику столову ложку картопляної суміші на відстані $\frac{1}{2}$ дюйма одна від одної в змащену маслом форму, злегка розрівняйте.

6. Випікайте в духовці приблизно 8 хвилин або поки латкеси не стануть золотисто-коричневими.

55. Вівсяні млинці з кленом і корицею

Інгредієнти

- 1½ склянки старомодного плющеного вівса
- ½ склянки цільнозернового борошна
- 1 чайна ложка меленої кориці
- 1 чайна ложка розпушувача
- 2 склянки нежирної пахти
- 2 столові ложки кленового сиропу
- 1 яйце
- Кулінарний спрей

Напрямки

1. У середній мисці змішайте овес, борошно, корицю та розпушувач.
2. У великій мисці змішайте пахту, кленовий сироп і яйце.
3. Додайте суху суміш до вологої суміші 2-3 рази, добре перемішуючи після кожного додавання. Дайте постояти 10-15 хвилин, поки суміш не стане пухирчастою.
4. Збризніть сковороду з антипригарним покриттям кулінарним спреєм і нагрійте її на середньому вогні. Ложкою викладіть тісто на сковороду, приблизно по ¼ склянки на кожен млинець, і готуйте 2-3 хвилини, поки на поверхні не з'являться бульбашки. Переверніть і продовжуйте готувати ще 1-2 хвилини, поки кожен млинець не підрум'яниться з другого боку.

56. Фрітата з мангольда та кіноа

ПОДАЧІ 6

Інгредієнт

- Кулінарний спрей
- ⅓ чашки сухарів без приправ
- 1 столова ложка оливкової олії
- 1 середня цибулина, нарізана кубиками
- 2 зубчики часнику, подрібнити
- Листя мангольда вагою 1 фунт, з видаленим жорстким центральним стеблом і тонко нарізаним листям
- 1 столова ложка подрібненого свіжого чебрецю
- ¼ чайної ложки пластівців червоного перцю
- 1 склянка вареної кіноа
- 1 склянка частково знежиреного сиру Рікотта
- ¼ чайної ложки свіжомеленого перцю
- 2 яйця, злегка збиті

Напрямки

1. Розігрійте духовку до 350°F.

2. Збризніть форму для випікання розміром 8 на 8 дюймів кулінарним спреєм і покрийте її хлібними крихтами.

3. Розігрійте олію у великій сковороді на середньому сильному вогні. Додайте цибулю та часник і готуйте, часто помішуючи, до розм'якшення приблизно 5 хвилин.

4. Додайте мангольд і варіть ще 3-4 хвилини, часто помішуючи, поки зелень не зів'яне. Додайте чебрець і пластівці червоного перцю.

5. Зніміть сковороду з вогню та перемістіть суміш мангольда в середню миску.

6. Змішайте зварену кіноа, сир, перець і яйця в суміш мангольда. Перекладіть суміш у підготовлену форму для запікання та випікайте в духовці приблизно 1 годину, поки краї не почнуть підрум'янюватися, а центр не закріпиться.

7. Дайте фріттаті охолонути кілька хвилин, перш ніж нарізати її на квадрати. Подавати теплим або кімнатної температури.

57. Пряні запечені яйця з козячим сиром

ПОДАЧІ 4

Інгредієнт

- Кулінарний спрей
- 10 унцій замороженого нарізаного шпинату, розмороженого та сухого віджатого
- 4 яйця
- $\frac{1}{4}$ чашки шматкової сальси
- $\frac{1}{4}$ склянки подрібненого козячого сиру
- свіжомелений перець

Напрямки

1. Розігрійте духовку до 325°F.

2. Збризніть кулінарним спреєм чотири чашки для шампанського або заварного крему по 6 унцій.

3. Накрийте дно кожного куща шпинатом, розділивши його порівну. Зробіть невелике заглиблення в центрі кожного шару шпинату.

4. Розбийте по одному яйцю поверх шпинату в кожну рамекін. Посипте кожне яйце 1 столовою ложкою сальси та 1 столовою ложкою козячого сиру. Посипати перцем.

5. Викладіть рамекіни на деко і випікайте в духовці приблизно 20 хвилин, поки білки повністю не затвердіють, але жовтки все ще будуть трохи рідкими. Подавайте негайно.

60. Омлет з часниковими грибами та сиром

ПОДАЧА 1

Інгредієнт

- 2 яйця
- 1 чайна ложка води
- свіжомелений перець
- Кулінарний спрей
- ½ чайної ложки подрібненого часнику
- 4 унції нарізаних грибів або креміні
- 1 унція подрібненого швейцарського сиру з низьким вмістом натрію
- 1 чайна ложка подрібненої свіжої петрушки

Напрямки

1. У невеликій мисці збийте яйця, воду та перець за смаком, поки добре не з'єднаються.

2. Збризніть невелику сковороду з антипригарним покриттям кулінарним спреєм і нагрійте її на середньому вогні. Додайте часник і гриби і готуйте, часто помішуючи, поки гриби не стануть м'якими, приблизно 5 хвилин. Перекладаємо грибну суміш в миску.

3. За потреби знову збризніть сковороду кулінарним спреєм і поставте на середній вогонь. Додайте яйця і варіть їх, поки краї не почнуть застигати. Лопаткою проштовхніть застигле яйце від країв до центру. Нахиліть сковороду, дозволяючи сирому яйцю розтектися по зовнішній стороні затверділого яйця. Готуйте, поки омлет майже не застигне.

4. Викладіть варені гриби в омлет лінією по центру. Зверху посипте сиром і половиною петрушки.

5. Складіть одну сторону омлету поверх іншої сторони. Дайте варитися приблизно 1 хвилину, щоб сир розплавився.

6. Викладіть омлет на тарілку і відразу подавайте, прикрасивши петрушкою, що залишилася.

61. Жувальні яблучні місяці

Вихід: 18 порцій

Інгредієнт

- ¾ склянки Сік, яблучний -- концентрат
- ½ склянки Яблука -- сушені
- 2 Яйця
- ¼ склянки Вершкове масло -- розтопити і охолодити
- 1 чайна ложка Ваніль
- 1¼ склянки Борошно
- ½ чайної ложки Порошок для випічки
- ½ чайної ложки Кориця -- мелена
- ¼ чайної ложки сіль
- ⅛ чайної ложки Мускатний горіх -- мелений

Напрямки

1. Подрібнити фрукти. З'єднайте концентрат яблучного соку і яблука; дати постояти 10 хвилин.

2. Розігрійте духовку до 350. Збийте яйця в середню миску. Змішайте суміш концентрату, масло та ваніль. Додайте решту інгредієнтів і добре перемішайте. Викладіть столові ложки тіста 2" на змащені маслом листи для печива.

3. Випікайте 10-12 хвилин, поки тісто не стане твердим і не стане золотистим.

62. Торт для діабетиків і з низьким вмістом натрію

Вихід: 4 порції

Інгредієнт

- 1½ склянки Овочевий шортенінг
- 2¾ склянки цукор
- 9 Яйця
- 1 лимон; Сік з
- 1 чайна ложка Ваніль
- 2 склянки Просіяне кексове борошно

Напрямки

1. Розігрійте духовку до 300 градусів. Змастіть і посипте борошном 10-дюймову каструлю.

2. Збити крем до однорідності. Поступово додаємо цукор і добре вершки.

3. Додайте яйця по одному, добре збиваючи після кожного. Перемішати лимонний сік і ваніль. Просіяти борошно для кексів і додати до суміші.

4. Вилийте суміш у каструлю. Випікайте 1½ години або доки тести не будуть готові.

63. Морозиво з коричневим цукром і пекан

ПОДАЧІ 8

Інгредієнт

- 1 столова ложка води
- 1½ чайної ложки порошкоподібного желатину без смаку
- 2½ склянки нежирного молока
- ¾ склянки фасованого темно-коричневого цукру
- ½ чайної ложки меленої кориці
- 3 яєчних жовтки
- 1 (12 унцій) банка знежиреного згущеного молока
- 1 чайна ложка ванільного екстракту
- ½ склянки нарізаних пекан

Напрямки

1. У великій каструлі нагрійте 1½ склянки молока на середньому вогні. Коли молоко нагріється, додайте коричневий цукор і корицю та продовжуйте нагрівати .

2. У середній мисці збийте яєчні жовтки та згущене молоко. Додайте гарячу молочну суміш до яєчної суміші тонкою цівкою, постійно помішуючи, поки добре не з'єднається.

3. Перемістіть суміш назад у каструлю та нагрівайте на середньому вогні, постійно помішуючи, поки суміш не почне густіти, приблизно 5 хвилин.

4. Процідіть суміш через сито з дрібними отворами в миску та збийте суміш желатину та води.

5. Додайте решту 1 склянки молока та ванільний екстракт, накрийте кришкою та охолодіть у холодильнику принаймні на 2 години або на ніч.

6. Перемішайте суміш, перемістіть її в мороженицю і заморозьте відповідно до інструкцій виробника. Коли суміш майже замерзне, додайте пекан.

64. Листковий торт з лимонним безе

Інгредієнт

Для торта:
- Кулінарний спрей
- Борошно універсальне, для присипки
- 4 яйця, кімнатної температури
- ⅔ склянки цукру
- 1 чайна ложка ванільного екстракту
- 1 чайна ложка цедри лимона
- 3 столові ложки олії каноли
- ¾ склянки борошна для кексів

Для начинки:
- 1 банка знежиреного згущеного молока
- 1 чайна ложка цедри лимона
- ⅓ склянки свіжого лимонного соку

Для начинки:
- 2 яєчних білка, кімнатної температури
- ¼ чайної ложки винного каменю
- ¼ склянки цукру
- ¼ чайної ложки ванільного екстракту

Напрямки

Щоб зробити торт:

1. У великій мисці змішайте яйця та цукор і збийте електричним міксером на середній швидкості до блідо-жовтого стану протягом 8-10 хвилин. Додайте ваніль і цедру лимона.

2. Використовуючи гумовий шпатель, обережно введіть масло.

3. Перемішайте борошно, поки не з'єднається.

4. Перекладіть тісто в підготовлені форми для випічки, рівномірно розподіливши його.

5. Випікайте тістечка від 20 до 22 хвилин, поки зубочистка, вставлена в центр, не вийде чистою.

6. Поставте форми на решітку для охолодження на 10 хвилин, потім переверніть тістечка на решітку й повністю охолодіть.

65. Шоколадний кремовий пиріг

ПОДАЧІ 8
Інгредієнт

Для скоринки:
- 1¼ склянки крихт шоколадного печива
- 3 столові ложки несоленого вершкового масла, розтопленого

Для начинки:
- ¾ склянки цукру
- ¼ склянки кукурудзяного крохмалю
- ¼ чашки несолодкого какао-порошку
- 1¾ склянки нежирного молока або легкого кокосового молока
- 1 яйце
- 4 унції гірко-солодкого шоколаду, дрібно нарізаного
- Знежирений немолочний збитий топінг, для подачі

Напрямки

1. У великій каструлі, поставленій на середній вогонь, збийте цукор, кукурудзяний крохмаль і какао. Додайте молоко і яйце і продовжуйте збивати до однорідності.

2. Варіть, постійно помішуючи, поки суміш не загусне і не загусне, приблизно 5 хвилин.

3. Зніміть суміш з вогню та додайте шоколад, помішуючи, поки він повністю не розтане та не ввімкнеться.

4. Вилийте начинку в підготовлений корж, накрийте поліетиленовою плівкою, притиснувши пластик до поверхні начинки, і охолодіть до застигання принаймні 4 години.

5. Подавайте охолодженим, за бажанням посипавши фруктами або збитою начинкою.

66. Вишнево-мигдальне біскотті

ГОТУЄ 18 БІСКОТІ

Інгредієнт

- 1 склянка борошна універсального призначення
- 1 склянка цільнозернового борошна
- ½ чайної ложки розпушувача
- ½ чайної ложки соди
- ¼ склянки несоленого масла
- ½ склянки цукрового піску
- ¼ склянки коричневого цукру
- 2 яйця
- 1 столова ложка ванільного екстракту
- 3 унції мигдалю
- 2 унції сушених вишень, подрібнених

Напрямки

1. У середній мисці змішайте разом борошно, розпушувач і харчову соду.

2. У великій мисці за допомогою електричного міксера збийте разом масло та цукор до кремоподібного стану. Додайте яйця по одному.

3. Додайте ваніль і сухі інгредієнти та збивайте до повного з'єднання. Додайте мигдаль і сушені вишні.

4. Розділіть тісто на 2 рівні частини. На підготовленому деку сформуйте з тіста дві коржі розміром 3 на 8 дюймів.

5. Випікайте хліби, поки вони не стануть золотистими, 30-35 хвилин.

6. Наріжте батони під кутом 45 градусів на скибочки шириною 1 дюйм.

7. Поверніть скибочки на деко, поставивши їх на необрізані краї. Випікайте біскотті, поки воно не стане дуже сухим і злегка підрум'яниться, приблизно 25 хвилин.

67. Печиво вівсяно-шоколадне

Інгредієнт

- ½ склянки борошна універсального призначення
- ½ склянки цільнозернового борошна
- ¾ склянки старомодних вівсяних пластівців швидкого приготування
- ½ чайної ложки розпушувача
- ⅓ чайної ложки соди
- ¾ склянки світло-коричневого цукру
- ⅓ склянки олії каноли
- 1 яйце
- 1 чайна ложка ванільного екстракту
- ⅓ склянки стружки темного шоколаду

Напрямки

1. Розігрійте духовку до 350°F.

2. Вистеліть велике деко пергаментним папером.

3. У середній мисці змішайте борошно, овес, розпушувач і харчову соду.

4. За допомогою електричного міксера у великій мисці збийте разом цукор і олію.

5. Додайте яйце та ваніль і збийте, щоб з'єднати.

6. Додайте суху суміш до вологої суміші та збийте, щоб з'єднати.

7. Скласти шоколадну стружку.

8. Викладіть тісто для печива на деко округлими столовими ложками.

9. Випікайте печиво до золотистої скоринки, приблизно 25 хвилин. Перекладіть печиво на решітку для охолодження.

68. Кукурудзяний хлібний пиріг з низьким вмістом натрію

Інгредієнт

- 1 фунт Яловичий фарш, нежирний
- по 1 кожному Велика цибулина -- нарізати
- по 1 кожному Фальшивий томатний суп
- Сіль і ¾ чайної ложки Чорний перець
- 1 столова ложка порошок чилі
- 12 унцій Заморожена кукурудза
- ½ склянки Зелений перець - подрібнити
- ¾ склянки Кукурудзяне борошно
- 1 столова ложка цукор
- 1 столова ложка Універсальне борошно
- 1½ чайної ложки Порошок для випічки
- 2 яєчних білка -- добре збиті
- ½ склянки 2% молока
- 1 столова ложка Беконні краплі

Напрямки

1. Кукурудзяний хлібний пиріг: змішайте на сковороді яловичий фарш і подрібнену цибулю.

2. Добре підрум'янити. Додайте томатний суп, воду, перець, порошок чилі, кукурудзу та нарізаний зелений перець. Добре перемішайте і дайте постояти 15 хвилин. Перевернути в змащену маслом запіканку. Зверху покладіть кукурудзяний хліб (нижче) і випікайте в помірно розігрітій (350~F) духовці 20 хвилин.

3. Начинка для кукурудзяного хліба: просіяти разом кукурудзяне борошно, цукор, борошно та розпушувач. Додайте добре збите яйце, молоко та краплі бекону. Перейдіть на яловичу суміш.

69. Торт шоколадне суфле

Вихід: 8 порцій

Інгредієнт

- Рослинна олія з антипригарним покриттям
- Спрей
- 14 столових ложок цукор
- ⅔ склянки Волоські горіхи, підсмажені
- ½ склянки Несолодкий какао-порошок
- 3 столові ложки Рослинна олія
- 8 великих Білок
- 1 щіпка сіль
- Цукрова пудра

Напрямки

1. Змастіть деко і папір спреєм рослинної олії. Посипте сковороду 2 столовими ложками цукру. Горіхи дрібно подрібнити з 2 столовими ложками цукру в комбайні. Перекладіть горіхову суміш у велику миску. Змішайте 10 столових ложок цукру і какао, потім олію.

2. За допомогою електричного міксера збийте яєчні білки та сіль у великій мисці до м'яких піків. До суміші какао додайте білки.

3. Ложкою викласти тісто в підготовлену форму; гладкий верх.

4. Випікайте приблизно 30 хвилин, доки пиріг не розбухне, а тестер, вставлений у центр, не вийде з вологими крихтами.

70. Тако на сніданок

Інгредієнт

- 1 чайна ложка меленого кмину
- 1 банка (15 унцій) рожевої квасолі без додавання солі
- 4 цибулі, нарізані скибочками
- 1 невеликий червоний болгарський перець, нарізаний тонкою соломкою
- $\frac{1}{2}$ склянки курячого бульйону зі зниженим вмістом натрію
- 2 зубчики часнику, подрібнити
- 4 яйця
- 4 столові ложки знежиреного йогурт
- 4 столові ложки сальси
- 8 (6 дюймів) кукурудзяних коржів, підсмажених

Напрямки

a) Розігрійте 10 -дюймову сковороду з антипригарним покриттям на середньому сильному вогні. Додайте кмин і готуйте, періодично помішуючи, приблизно 30 секунд або до появи аромату. Додайте квасолю, цибулю, болгарський перець, бульйон і часник. Доведіть до кипіння, потім зменшіть вогонь, щоб суміш кипіла. Варіть 8 хвилин .

b) Тильною стороною ложки зробіть чотири поглиблення в бобах. розбийте кожне яйце в чашку для заварного крему і вилийте в кожне поглиблення. Накрийте кришкою та готуйте приблизно 8 хвилин .

c) Викладіть кожну порцію суміші квасолі з яйцем на тарілку. Посипте оливками поверх і навколо квасолі. Посипте кожну порцію 1 столовою ложкою йогурту та 1 столовою ложкою сальси.

71. Барбекю Хаш

Інгредієнт

- 3 солодких картоплі, очищених і нарізаних
- 1 (8 унцій) упаковка темпе, подрібненого
- 1 цибулина, дрібно нарізана
- 1 червоний болгарський перець, дрібно нарізаний
- 1 столова ложка купленого в магазині соусу барбекю
- 1 чайна ложка приправи Cajun
- $\frac{1}{4}$ склянки подрібненої свіжої петрушки
- 4 яйця Соус з гострим перцем (за бажанням)

Напрямки

a) Розігрійте 3 столові ложки олії у великій антипригарній сковороді на середньому сильному вогні. Додайте солодку картоплю та темпе та варіть, час від часу помішуючи, 5 хвилин або доки суміш не підрум'яниться. Зменшіть вогонь до середнього.

b) Додайте цибулю та болгарський перець і готуйте ще 12 хвилин, частіше помішуючи в кінці часу приготування, поки темпе не підрум'яниться, а картопля стане м'якою.

c) Додайте соус барбекю, приправу каджун і петрушку. Перемішайте, потім розподіліть на 4 порційні тарілки.

d) Витріть сковорідку паперовим рушником. Зменшіть вогонь до середнього і додайте решту 1 столову ложку олії. Яйця розбиваємо в сковороду і варимо до бажаної готовності.

e) Помістіть по яйцю на кожну порцію гашу та подавайте відразу. За бажанням подаємо до столу гострий перцевий соус.

72. Фрітата з оливками та травами

Інгредієнт

- 1 чайна ложка оливкової олії, бажано першого віджиму
- 3/4 склянки нарізаного червоного болгарського перцю
- 3/4 склянки нарізаного зеленого болгарського перцю
- 3/4 склянки (3 унції) тертого знежиреного сиру Монтерей Джек
- 2 столові ложки подрібненого свіжого базиліка
- 5 яєць + 2 білки, злегка збиті
- $\frac{1}{4}$ чайної ложки солі чорний мелений перець

Напрямки

a) Розігрійте духовку до 375°F. Нанесіть рослинну олію на сковорідку діаметром 9 дюймів. Поставте на середньо-сильний вогонь. Додайте олію. Нагрівайте протягом 30 секунд. Додати болгарський перець. Готуйте, час від часу помішуючи, приблизно 5 хвилин або до тих пір, поки воно стане м'яким. Посипте сир і базилік на сковороду. Додайте яйця, білки, оливки, сіль і перець.

b) Випікайте приблизно 30 хвилин або поки яйця не застигнуть. Дати трохи охолонути. Наріжте брусочками.

73. Фрітата зі спаржею

Інгредієнти

- ½ фунта спаржі, нарізаної шматочками по 1 дюйм
- ¼ цибулі, дрібно нарізаної
- 4 яйця
- 2 яєчних білка
- 2 столові ложки холодної води
- 2 чайні ложки свіжотертої цедри апельсина
- ¼ чайної ложки солі Свіжомелений чорний перець

Напрямки

a) Розігрійте духовку до 350°F. Нагрійте 10-дюймову антипригарну сковороду на середньому вогні протягом 1 хвилини. Додайте олію та нагрівайте 30 секунд. Додати спаржу і цибулю. Готуйте, помішуючи, приблизно 2 хвилини або поки спаржа не стане яскраво-зеленою.

b) Тим часом збийте яйця, білки, воду, апельсинову цедру та сіль. Перелийте в каструлю і готуйте 2 хвилини або поки не почне застигати на дні. Використовуйте силіконовий шпатель, щоб підняти встановлені краї та дозволити сирій суміші стекти знизу. Добре приправити перцем.

c) Перекладіть в духовку і запікайте 6 хвилин. Використовуйте лопатку, щоб підняти край яєчної суміші, і нахиліть сковороду, щоб сире яйце та олія витікли знизу. Випікайте приблизно 6 хвилин довше або до тих пір, поки тісто не стане золотистим.

74. Полунично-мигдальний тост

Інгредієнти

- 1 яйце
- ¼ склянки знежиреного молока
- ¼ чайної ложки меленої кориці
- 1 скибочка цільнозернового хліба
- 1 чайна ложка маргарину
- ½ склянки нарізаної полуниці

Напрямки

a) Збийте яйце в неглибокій мисці з молоком і корицею. Змочіть обидві сторони хліба в яєчній суміші.

b) Розтопіть маргарин на сковороді з антипригарним покриттям на середньому вогні. Готуйте хліб приблизно 2-3 хвилини з кожного боку або до золотистого кольору. Розріжте навпіл по діагоналі. Половину викласти на блюдо. Зверху покладіть половину полуниці та мигдаль.

c) Накрийте другою половиною тосту, полуницею та мигдалем, що залишилися.

75. Шоколадні млинці

Інгредієнти

- 2/3 склянки цільнозернового борошна
- 2/3 склянки небіленого борошна універсального призначення
- 1/3 склянки кукурудзяного борошна
- 1 столова ложка розпушувача
- $\frac{1}{2}$ чайної ложки соди
- 2 склянки знежиреного ванільного йогурту
- 3/4 склянки знежиреного замінника яєць
- 2 столові ложки олії каноли
- 3/4 склянки безмолочної збитої начинки

Напрямки

a) Змішайте борошно, кукурудзяну крупу, розпушувач і харчову соду у великій мисці. Додайте йогурт, замінник яєць, шоколадну стружку та олію.

b) Покрийте велику антипригарну сковороду кулінарним спреєм і нагрійте її на середньому вогні.

c) Для кожного млинця викладіть 2 столові ложки тіста в сковороду. Готуйте млинці 2 хвилини або поки на поверхні не з'являться бульбашки та не застигнуть краї. Переверніть і готуйте до легкої рум'яності, приблизно 2 хвилини довше. Повторіть з тістом, що залишилося.

d) Покрийте кожен млинець 1 чайною ложкою збитої начинки.

76. Шоколадно-горіхові вафлі

Інгредієнти

- 1½ склянки цільнозернового борошна для тіста
- ½ чашки несолодкого какао-порошку
- 2 чайні ложки розпушувача
- ¼ чайної ложки соди
- 1 склянка 1% молока
- ½ склянки фасованого коричневого цукру
- 2 чайні ложки порошку еспресо
- 3 столові ложки легкої оливкової олії
- 3 яєчних білка
- 1/8 чайної ложки солі
- 3 столові ложки кленового сиропу

Напрямки

a) Збийте разом борошно, какао-порошок, розпушувач і харчову соду у великій мисці до однорідності. Зробіть поглиблення в центрі борошняної суміші та додайте молоко, цукор, порошок еспресо та олію. Збийте інгредієнти до однорідності.

b) Розігрійте вафельницю протягом 4 хвилин або відповідно до інструкцій виробника. Додайте білки в шоколадне тісто в 3 прийоми, збиваючи, поки суміш не з'єднається.

c) Покрийте розігріті вафельні решітки кулінарним спреєм безпосередньо перед використанням. Додайте стільки тіста, щоб майже покрити вафельні решітки (2/3 склянки), і готуйте 3-4 хвилини.

77. Батончики гранола та сушені вишні

Інгредієнти

- 1½ склянки сухого вівса
- 1 столова ложка борошна універсального призначення
- 2/3 склянки нарізаної сушеної несолодкої вишні
- 2 яйця
- 1 склянка фасованого світло-коричневого цукру
- 1 столова ложка олії каноли
- 1 чайна ложка меленої кориці
- ¼ чайної ложки солі
- 1 чайна ложка ванільного екстракту

Напрямки

a) Покладіть 1 склянку кешью та ½ склянки вівса на велике деко з бортами. Випікайте 10 хвилин або до підсмаження, перемішуючи один раз. Переносити, відкладати.

b) Помістіть борошно та решту 1 склянки вівса та ½ склянки кешью в кухонний комбайн із металевим лезом. Обробляйте до однорідності. Перекладіть у середню миску та змішайте з вишнями та відкладеними горіхами кешью та вівсом.

c) Збийте яйця, коричневий цукор, олію, корицю, сіль і ваніль у великій мисці. Перемішайте вівсяно-кеш'ю суміш, поки вона добре не перемішується. Викласти в підготовлену форму.

d) Випікайте 30 хвилин або до золотисто-коричневого кольору.

78. Фруктово-горіхові кекси

Інгредієнти

- 1 3/4 склянки цільнозернового борошна для тіста
- 1½ чайної ложки розпушувача
- 1½ чайної ложки меленої кориці
- ½ чайної ложки соди
- ¼ чайної ложки солі
- 1 склянка знежиреного ванільного йогурту
- ½ склянки коричневого цукру
- 1 яйце
- 2 столові ложки олії каноли
- 1 чайна ложка ванільного екстракту
- ½ склянки подрібненого ананаса в соку, злити воду
- 1/3 склянки смородини або родзинок
- ¼ склянки тертої моркви

Напрямки

a) Розігрійте духовку до 400°F.

b) Змішайте борошно, розпушувач, корицю, харчову соду та сіль у великій мисці. Змішайте йогурт, коричневий цукор, яйце, олію та ваніль у середній мисці. Перемішайте йогуртову суміш із борошняною сумішшю, поки вона не змішується.

c) Додайте пекан, ананас, смородину або родзинки та моркву.

d) Рівномірно розподіліть тісто між 12 чашками для кексів.

e) Випікати 20 хвилин.

79. Закусочні Double Pumpkin

Інгредієнти

- 1 стакан консервованого гарбуза
- 1 стакан тертої моркви
- ½ склянки цукру
- 1/3 склянки сушеної журавлини або родзинок
- ¼ склянки олії каноли
- 2 великих яйця
- 1 склянка цільнозернового борошна для тіста
- 1 чайна ложка розпушувача
- 1 чайна ложка меленої кориці
- ½ чайної ложки соди
- ¼ чайної ложки солі

Напрямки

a) Відміряйте 1 склянку гарбузового насіння в блендер або кухонний комбайн і обробляйте до дрібного помелу. Переносити, відкладати. Крупно наріжте насіння, що залишилося, і відкладіть.

b) Змішайте гарбуз, моркву, цукор, журавлину або родзинки, олію та яйця у великій мисці та перемішайте до однорідності. Додайте борошно, мелене гарбузове насіння, розпушувач, корицю, харчову соду та сіль. Перемішуйте до однорідності.

c) Вилийте тісто в підготовлену форму і рівномірно розподіліть. Посипте відкладеними подрібненими гарбузовим насінням. Випікайте від 22 до 25 хвилин або доки верхівка не відскочить, якщо злегка натиснути. Повністю охолодіть на сковороді на решітці перед розрізанням на 12 брусків.

80. Яєчний корж для піци

Інгредієнти -

- 3 яйця
- 1/2 склянки кокосового борошна
- 1 чашка кокосового молока
- 1 подрібнений зубчик часнику

Напрямки

a) Перемішайте і приготуйте омлет.
b) Подавайте

81. Омлет з овочами

Обслуговує 1

Інгредієнти

- 2 великих яйця
- сіль
- Г перцю чорного круглого
- 1 чайна ложка оливкової олії або масло кмину
- 1 склянка шпинату, помідорів черрі та 1 ложка йогурту
- Подрібнений червоний перець і щіпка кропу

Напрямки

a) Збийте 2 великих яйця в маленькій мисці. Приправте сіллю та чорним меленим перцем і відставте. Розігрійте 1 чайну ложку оливкової олії в середній сковороді на середньому вогні.

b) Додайте молодий шпинат, помідори, сир і готуйте, помішуючи, поки не зів'яне (приблизно 1 хвилина).

c) Додайте яйця; варіть, час від часу помішуючи, поки не застигне, приблизно 1 хвилину. Перемішайте сир.

d) Посипте меленим червоним перцем і кропом.

82. Яєчні кекси

Інгредієнти

Подача: 8 мафінів

- 8 яєць
- 1 склянка нарізаного кубиками зеленого болгарського перцю
- 1 склянка нарізаної кубиками цибулі
- 1 стакан шпинату
- 1/4 чайної ложки солі
- 1/8 чайної ложки чорного меленого перцю
- 2 столові ложки води

Напрямки

a) Розігрійте духовку до 350 градусів F. Змастіть олією 8 чашок для кексів.

b) Збити разом яйця.

c) Змішайте болгарський перець, шпинат, цибулю, сіль, чорний перець і воду. Розлийте суміш у формочки для мафінів.

d) Випікати в духовці, поки мафіни не будуть готові в середині.

83. Яєчня з копченого лосося

Інгредієнти

- 1 чайна ложка кокосової олії
- 4 яйця
- 1 столова ложка води
- 4 унції. копчений лосось, нарізаний
- 1/2 авокадо
- чорний мелений перець, за смаком
- 4 шніт-цибулі, подрібнені (або використовуйте 1 зелену цибулю, тонко нарізану)

Напрямки

a) Розігрійте сковороду на середньому вогні.

b) Додайте кокосове масло в сковороду, коли воно гаряче.

c) Тим часом збийте яєчню. Додайте яйця в гарячу сковороду разом з копченим лососем. Постійно помішуючи, варіть яйця до м'якості і пишності.

d) Зняти з вогню. Зверху посипте авокадо, чорним перцем і цибулею для подачі.

84. Стейк і яйця

Обслуговує 2

Інгредієнти -

- 1/2 фунта яловичого стейка або свинячої вирізки без кісток
- 1/4 чайної ложки чорного меленого перцю
- 1/4 чайної ложки морської солі (за бажанням)
- 2 чайні ложки кокосової олії
- 1/4 цибулі, нарізаної кубиками
- 1 червоний болгарський перець, нарізаний кубиками
- 1 жменя шпинату або руколи
- 2 яйця

Напрямки

a) Приправте нарізаний стейк або свинячу вирізку морською сіллю та чорним перцем. Розігрійте сковорідку на сильному вогні. Додайте 1 чайну ложку кокосової олії, цибулю та м'ясо, коли сковорода розігріта, і обсмажте, поки стейк трохи не приготується.

b) Додайте шпинат і червоний болгарський перець і готуйте, поки стейк не стане готовим на ваш смак. Тим часом розігрійте невелику сковорідку на середньому вогні. Додайте кокосове масло, що залишилося, і обсмажте два яйця.

c) Покрийте кожен стейк смаженим яйцем для подачі.

85. Яєчна випічка

Інгредієнти -

Обслуговує 6

- 2 склянки нарізаного червоного перцю або шпинату
- 1 стакан цукіні
- 2 столові ложки кокосової олії
- 1 склянка нарізаних печериць
- 1/2 склянки нарізаної зеленої цибулі
- 8 яєць
- 1 чашка кокосового молока
- 1/2 склянки мигдального борошна
- 2 столові ложки подрібненої свіжої петрушки
- 1/2 чайної ложки сушеного базиліка
- 1/2 чайної ложки солі
- 1/4 чайної ложки чорного меленого перцю

Напрямки

a) Розігрійте духовку до 350 градусів F. Помістіть кокосову олію в сковороду. Нагрійте його до середнього вогню. Додайте гриби, цибулю, цукіні та червоний перець (або шпинат), поки овочі не стануть м'якими, приблизно 5 хвилин. Злийте овочі та розподіліть їх по формі для запікання.

b) Збийте яйця в мисці з молоком, борошном, петрушкою, базиліком, сіллю та перцем. Вилийте яєчну суміш у форму для запікання.

c) Випікайте в попередньо розігрітій духовці, поки не затвердиться центр (приблизно 35-40 хвилин).

86. Фрітата

6 порцій

Інгредієнти

- 2 столові ложки оливкової олії або масло авокадо
- 1 цукіні, нарізаний кружальцями
- 1 чашка нарваного свіжого шпинату
- 2 столові ложки нарізаної зеленої цибулі
- 1 чайна ложка подрібненого часнику, сіль і перець за смаком
- 1/3 склянки кокосового молока
- 6 яєць

Напрямки

a) Розігрійте оливкову олію в сковороді на середньому вогні. Додати цукіні і варити до готовності. Змішайте шпинат, зелену цибулю та часник. Приправити сіллю і перцем. Продовжуйте готувати, поки шпинат не зів'яне.

b) В окремій мисці збити яйця і кокосове молоко. Вилийте в сковороду до овочів. Зменшіть вогонь до мінімуму, накрийте кришкою і варіть, поки яйця не стануть твердими (5-7 хвилин).

87. Наан / Млинці / Млинці

Інгредієнти

- 1/2 склянки мигдального борошна
- 1/2 склянки борошна тапіоки
- 1 чашка кокосового молока
- сіль
- кокосове масло

Напрямки

a) Змішайте всі інгредієнти разом.

b) Розігрійте сковороду на середньому вогні і налийте тісто до потрібної густоти. Коли тісто стане твердим, переверніть його, щоб приготувати іншу сторону.

c) Якщо ви хочете, щоб це був десертний креп або млинці, не додавайте сіль. За бажанням в тісто можна додати подрібнений часник або імбир або трохи спецій.

88. Млинці з кабачків

Обслуговує 3

Інгредієнти

- 2 середніх кабачка
- 2 столові ложки подрібненої цибулі
- 3 збитих яйця
- 6-8 столових ложок мигдального борошна
- 1 чайна ложка солі
- 1/2 чайної ложки чорного меленого перцю
- кокосове масло

Напрямки

a) Розігрійте духовку до 300 градусів F.

b) Цукіні натерти в миску і перемішати з цибулею і яйцями. Додайте 6 столових ложок борошна, сіль і перець.

c) Розігрійте велику сковороду на середньому вогні та додайте в неї кокосове масло. Коли масло розігріється, зменшіть вогонь до середнього і додайте тісто в сковороду. Випікайте млинці приблизно по 2 хвилини з кожного боку, поки не підрум'яняться. Поставте млинці в духовку.

89. Кіш

Порції 2-3

Інгредієнти

- 1 Попередньо приготоване та охолоджене пікантне тісто для пирога
- 8 унцій органічного шпинату, вареного та зцідженого
- 6 унцій нарізаної кубиками свинини
- 2 середні цибулини шалот, тонко нарізані та обсмажені
- 4 великих яйця
- 1 чашка кокосового молока
- 3/4 чайної ложки солі
- 1/4 чайної ложки свіжомеленого чорного перцю

Напрямки

a) Обсмажте свинину в кокосовій олії, а потім додайте шпинат і цибулю-шалот. Після завершення відкладіть.

b) Розігрійте духовку до 350F. У великій мисці змішайте яйця, молоко, сіль і перець. Збити до появи піни. Додайте приблизно 3/4 відцідженої суміші для начинки, залишивши іншу 1/4 для «верху» кіш. Вилийте яєчну суміш у корж і помістіть начинку, що залишилася, поверх кішу.

c) Помістіть кіш у духовку в центр середньої решітки та випікайте без перешкод 45–50 хвилин.

90. Сніданок сосиска кульки

Вихід: 12 порцій

Інгредієнт

- 2 столові ложки апельсинового соку, заморожений концентрат
- 2 столові ложки кленового сиропу
- 4 сегменти Хліб
- 1 яйце, злегка змішане
- $\frac{1}{2}$ фунта м'якої сипучої ковбаси
- $\frac{1}{2}$ склянки нарізаних кубиками пекан на грилі
- 2 столові ложки пластівців петрушки

Напрямки

a) Розтріть хліб в апельсиновому соку та кленовому сиропі. Додати яйце і ретельно перемішати.

b) Додайте решту інгредієнтів. Зробіть невеликі ковбасні кульки діаметром приблизно 1 дюйм або котлети. Повільно обсмажте в сотейнику або сотейнику на помірному вогні до рум'яності. Можна подавати як закуску або як гарнір до макаронів на сімейну вечерю. Можна готувати заздалегідь і заморожувати після приготування.

c) Перед подачею розігрійте в теплому грилі.

91. Сніданок бутерброди з ковбасою

Вихід: 1 порція

Інгредієнт

- Розм'якшене масло або маргарин
- 8 сегментів Хліб
- 1 фунт свинячої вареної ковбаси
- Розкришили, злили
- 1 чашка (приблизно
- 4 унції) подрібненого сиру чеддер
- 2 яйця, змішані
- 1½ склянки молока
- 1½ чайної ложки гірчиці

Напрямки

a) Намажте вершковим маслом одну сторону кожного шматка хліба.

b) Покладіть 4 сегменти, змащену маслом стороною вниз, в один шар у злегка змащену 8-дюймову квадратну форму для випікання.

c) покладіть на кожен сегмент хліба ковбасу та решту шматочків хліба, змащеною маслом стороною вгору. Посипаємо сиром.

d) Змішайте інші інгредієнти; ривок над бутербродами. накрити кришкою і поставити в холодильник мінімум на 8 годин.

92. смажений заварний крем чилі

Вихід: 4 порції

Інгредієнт

- 2 великих яйця
- 2 великих яєчних жовтки
- ⅓ склянки цукру, коричневого
- 2 столові ложки цукру, коричневого
- ¼ чайної ложки солі
- 2 склянки густих вершків
- ¼ чайної ложки ванілі
- 2 чайні ложки Чилі де Арбол , підсмаженого в порошку

Напрямки

a) Розігрійте гриль до 300 градусів. Збийте яйце, яєчні жовтки, ⅓ с коричневого цукру та сіль у нереактивному посуді до повного змішування.

b) Вершки і ванілін ошпарити в каструлі на помірному вогні; Зняти з вогню; швидко збити дробово до яйця до однорідності; додати назад до вершків у каструлі; повернути трохи нижче кипіння заварного крему покриває задню частину ложки; Зняти з вогню.

c) розлийте заварний крем у 4 4 унції рамекіни; місце в каструлі готелю; план сковороди в грилі ; наповніть достатньою кількістю води, щоб вона досягала ⅔ стінок рамекінів; випікати до готовності (приблизно 35 хвилин); поставити в холодильник на 3 години.

d) Служити; посипте кожен заварний крем $\frac{1}{4}$ чайної ложки порошку чилі ; верх посипати просіяним коричневим цукром; смажте на грилі, поки цукор не розтане, а не підгорить.

93. Сніданок бутерброди з ковбасою

Вихід: 1 порція

Інгредієнт

- Розм'якшене масло або маргарин
- 8 сегментів Хліб
- 1 фунт свинячої вареної ковбаси
- 4 унції подрібненого сиру чеддер
- 2 яйця, змішані
- 1½ склянки молока
- 1½ чайної ложки гірчиці

Напрямки

a) Намажте вершковим маслом одну сторону кожного шматка хліба.

b) Покладіть 4 сегменти, змащену маслом стороною вниз, в один шар у злегка змащену 8-дюймову квадратну форму для випікання.

c) покладіть на кожен сегмент хліба ковбасу та решту шматочків хліба, змащеною маслом стороною вгору. Посипаємо сиром.

d) Змішайте інші інгредієнти; ривок над бутербродами. накрити кришкою і поставити в холодильник мінімум на 8 годин

e) Дістати з холодильника; дати відпочити 30 хвилин.

94. Німецькі млинці

Вихід: 12 порцій

Інгредієнт

- на грилі з червоним перцем
- 3 великих яйця
- ⅓склянки борошна універсального призначення
- ⅓склянки молока
- ¼ чайної ложки солі
- 1 столова ложка овочевого жиру; розплавлений

Напрямки

a) Готова курка на грилі з червоним перцем; охолодіть до готовності до подачі.

b) Розігрійте гриль до 450F. У посуді середнього розміру , за допомогою електричного міксера на високій швидкості, змішайте яйця до густоти та пишності. Зменшіть швидкість міксера до низької та поступово додайте борошно, молоко та сіль.

c) Помістіть 2 дека з шістьма формочками у формі серця діаметром $2\frac{1}{2}$ дюйма в кожному або форму для кексів із дванадцятьма чашками розміром $2\frac{1}{2}$ дюйма в гриль на 5 хвилин для нагрівання. Дістаньте сковорідки з гриля ; кисті чашки з розплавленим шортенингом. Розподіліть тісто по чашках і випікайте від 10 до 12 хвилин або до тих пір, поки тісто не підрум'яниться і не підрум'яниться.

d) Вийміть млинці з чашок на решітку. Охолоджуйте 5-10 хвилин або поки середина не опуститься, залишивши невелике поглиблення. Ложкою накладіть смажену курку з червоним перцем на середину млинців і викладіть на тарілку для сервірування. Подавайте негайно. За бажанням млинці можна повністю охолодити перед начинкою та подавати холодними.

e) 3 $\frac{1}{2}$ склянки нарізаного кубиками солодкого перцю на грилі відкладіть 2 столові ложки. Помістіть решту червоного перцю в кухонний комбайн, оснащений лезом для нарізання кубиками . Додайте 3 столові ложки майонезу, 1 столову ложку бальзамічного оцту, $\frac{1}{4}$ чайної ложки чорного меленого перцю та $\frac{1}{8}$ чайної ложки солі;

обробляйте, поки суміш не стане пюреподібною. Перекладіть на блюдо середнього розміру та додайте 1 склянку нарізаної кубиками вареної курки, 1 зелену цибулю, дрібно нарізану кубиками та відкладіть 2 столові ложки нарізаного кубиками червоного перцю на грилі.

f) Добре перемішати. Накрийте кришкою та поставте в холодильник до готовності до подачі.

НАПІЙ СВІЖИЙ ЯЄЦЬ С

95. Кокіто

Вихід: 1 порція

Інгредієнт

- 13/16-кварта Світлий пуерториканський ром
- Цедра від 2 лаймів; (тертий)
- 6 Яєчні жовтки
- 1 банка Солодке згущене молоко
- 2 банки (велике) згущене молоко
- 2 банки Кокосовий крем; (як Коко Лопес)
- 6 унцій Джин

Напрямки

a) Змішайте половину рому з цедрою лайма в блендері на високій швидкості протягом 2 хвилин . Процідіть і помістіть у велику миску. Додати решту рому.

b) У блендері змішайте яєчні жовтки, обидва молока і джин, поки вони не стануть добре перемішаними.

c) Вилийте ¾ цієї суміші в миску з ромом. Змішайте решту з кокосовими вершками та добре перемішайте. додайте до суміші рому, добре перемішайте та охолодіть.

96. Класичний амаретто кислий

Вихід: 1 порція

Інгредієнти

- 1 ½ унції (3 столові ложки) амаретто
- ½ унції (1 столова ложка) бурбонського віскі
- 1 унція (2 столові ложки) лимонного соку
- 1 чайна ложка простого сиропу або кленового сиропу
- 1 яєчний білок
- 2 штрихи біттера Ангостура
- На гарнір: коктейльна вишня або вишня Люксардо, часточка лимона

Напрямки

a) Додайте амаретто, бурбон, лимонний сік, сироп, яєчний білок і біттер у шейкер без льоду. Струсити протягом 15 секунд.

b) Додайте лід у шейкер. Знову струшуйте протягом 30 секунд.

c) Процідіть напій у склянку; піна буде збиратися вгорі. Прикрасити коктейльною вишнею.

97. Коктейль Whisky Sour

ПОРЦІЯ 1 порція

Інгредієнти

- 2 унції віскі
- 3/4 унції свіжовичавленого лимонного соку
- 1/2 унції простого сиропу
- 1 великий яєчний білок
- лід
- 2-3 краплі біттера Angostura, за бажанням

Напрямки

a) Змішайте інгредієнти та струсіть без льоду:

b) Додайте віскі, лимонний сік і простий сироп у шейкер для коктейлів, а потім додайте яєчний білок.

c) Струсніть без льоду протягом 60 секунд.

d) Додайте лід, знову збовтайте, потім процідіть:

e) Додайте лід у шейкер і знову струшуйте протягом 30 секунд. Процідіть у коктейльний келих і капніть біттер зверху. Подавайте!

98. Німецький яєчний лікер

Порцій: 2

Інгредієнти

- 4 яєчних жовтки
- 1 стакан цукрової пудри
- 1/2 чайної ложки ванільного екстракту
- 1/2 склянки збитих вершків
- 1/3 склянки рому

Напрямки

a) Відокремте яйця та додайте жовтки в миску середнього розміру. Додайте цукрову пудру, а також ванільний екстракт і перемішайте електричним ручним міксером або віночком до отримання кремоподібної консистенції.

b) Додайте збиті вершки і продовжуйте збивати.

c) Тепер повільно влийте ром і продовжуйте енергійно збивати.

d) Після спінювання поставте миску на гарячу водяну баню на плиті та продовжуйте збивати протягом кількох хвилин, поки суміш не стане густою та кремовою. Переконайтеся, що вода в каструлі гаряча, але не кипить, оскільки ви не хочете, щоб яєчний лікер почав пузиритися і втратив алкоголь. Ви хочете нагріти яєчний лікер приблизно до 160 градусів за Фаренгейтом.

e) Розлийте яєчний лікер у склянки, щоб відразу випити, або в продезінфіковані пляшки, щоб залишити на потім. Якщо ви використовуєте чисте обладнання та свіжі яйця, яєчний лікер повинен зберігатися в холодильнику близько 4 місяців.

99. В'єтнамська яєчна кава

Порції: 2 склянки

Інгредієнти

- 12 унцій еспресо
- 1 яєчний жовток
- 4 столові ложки згущеного молока з цукром

Напрямки

a) Зваріть 2 чашки еспресо

b) Збийте яєчний жовток і згущене молоко до легкої піни або м'яких піків.

c) Додайте яєчну суміш поверх еспресо.

100. Забальоне

Порцій: 4

Інгредієнти

- 4 яєчних жовтки
- 1/4 склянки цукру
- 1/2 чашки Марсала Сухе або інше сухе біле вино
- кілька гілочок свіжої м'яти

Напрямки :

a) У термостійкій каструлі збийте жовтки та цукор до блідо-жовтого кольору та блиску. Потім слід збити марсалу.

b) Доведіть до половини середньої каструлі, наповненої водою, до слабкого кипіння. Почніть збивати яєчно-винну суміш у жаростійкій мисці на верхній частині каструлі.

c) Продовжуйте збивати протягом 10 хвилин електричними вінчиками (або віночком) над гарячою водою.

d) Використовуйте термометр із миттєвим зчитуванням, щоб переконатися, що суміш досягла 160°F під час приготування.

e) Зніміть з вогню та налийте забальоне на підготовлені фрукти, прикрасивши листям свіжої м'яти.

f) Забальоне однаково смачно подається на морозиво або окремо.

ВИСНОВОК

Думаєте, ви знаєте все про яйця та про те, як їх варити та пекти? Подумати ще раз! Щоденна кулінарна книга Fresh Eggs Daily Cookbook показала вам нові та захоплюючі способи включити свіжі яйця у свій кулінарний і випічковий репертуар кожного дня. Від традиційних сніданків до супів, салатів і основних страв, а також ситних варіантів вечері та солодощів.

www.ingramcontent.com/pod-product-compliance
Lightning Source LLC
Chambersburg PA
CBHW070651120526
44590CB00013BA/912